古代国家はいつ成立したか

都出比呂志
Hiroshi Tsude

岩波新書
1325

はじめに

日本において、国家はいつ、どのような過程を経て、生まれたのでしょうか。日本で最初の古代国家は、七世紀から八世紀に誕生した律令制国家であるとされてきました。しかし、国家は多くの人を組織して社会を動かしていく営みですから、土地の分配、税、生産、経済、文化、共通の思想など、多面にわたる非常に複雑な仕組みが要求されます。この複雑な仕組みを地域の特性に合わせて構築する永い時間が必要です。この国家の仕組みが完成するまでには、未成熟な国家の制度が試行錯誤されながら蓄積されているはずです。ヨーロッパ・北米の研究者は、この未成熟な国家段階の重要性に気づき、この時代に「初期国家」の名前を与えました。

私は、日本の初期国家は古墳時代にあたると提唱しました。法律により国家体制を整えた成熟した古代律令制国家は七世紀から八世紀に成立しましたが、この古代律令制国家の形成過程を知るには、その直前の古墳時代の社会の動きを解明するしか方法はありません。

古墳時代の始まる三世紀前半から律令制国家誕生までに、国家の制度がどのように構築されてきたのか、そして日本の古代国家形成に、古墳時代がどのような役割を担ったのかを考古学者は明らかにしたいと思っています。

古墳時代を初期国家とする考えは、考古学者に一定程度認められるようになりました。しかし初期国家の始まる時期については、いくつかの説があります。古墳時代の始まる三世紀からとする説、四世紀後半からとする説、中央権力が飛躍的に強化された五世紀からとする説などです。これについても本書でふれています。

古墳時代は社会が急速に成長した激変の時代です。弥生時代からひもといて、古墳時代の社会に生じた変革の時期と変革の内容を明らかにすることによって、古代律令制国家の形成過程が少しでも明らかになるでしょう。

そしてその内容いかんによっては、日本古代国家の成立を古墳時代に置き、古代国家の前半段階を古墳時代、後半段階を律令制国家の時代と考えることが可能かもしれません。

本書は、多くの研究者の成果をもとに記述したものですが、本文中での文献紹介は控え、関連する文献は巻末に掲げたので参照して下さい。

「魏志倭人伝」の現代語訳は、石原道博編訳『新訂 魏志倭人伝他三編』(岩波文庫、一九八五)を使用しますが、他の学説をも援用して一部修正しています。

目　次

第一章　弥生社会をどう見るか

1　環濠集落の時代

纒向遺跡の大型建物

二〇〇九年、奈良県桜井市の纒向《まきむく》遺跡で今までにない大型建物跡が見つかりました。ここでは以前に三棟の大型建物跡が発見されていたのですが、さらに大きな規模の大型建物跡が発見されたのです。年代で言うと、弥生時代終末期にあたる三世紀前半で、まさに邪馬台国の存在した時代ですから、これが卑弥呼の居館だったのでは、とマスコミをはじめ、世間は大いにわきたちました。

纒向遺跡について、現地説明会の資料を見ながら紹介しましょう(図1－1)。立地は奈良県の大和王権誕生の地です。過去に行われた調査や周囲の地形から推定して、ここには東西一五〇メートル×南北一〇〇メートル前後の方形の大規模な屋敷地が存在した可能性があります。今回見つかった大型建物(建物D)の規模は、南北一九・二メートル、東西六・二メートルと、三世紀中頃までの建物の規模としては国内最大を誇ります。

今までに判明している建物は東西に四棟連続してつくられていますが、東西方向に走る軸

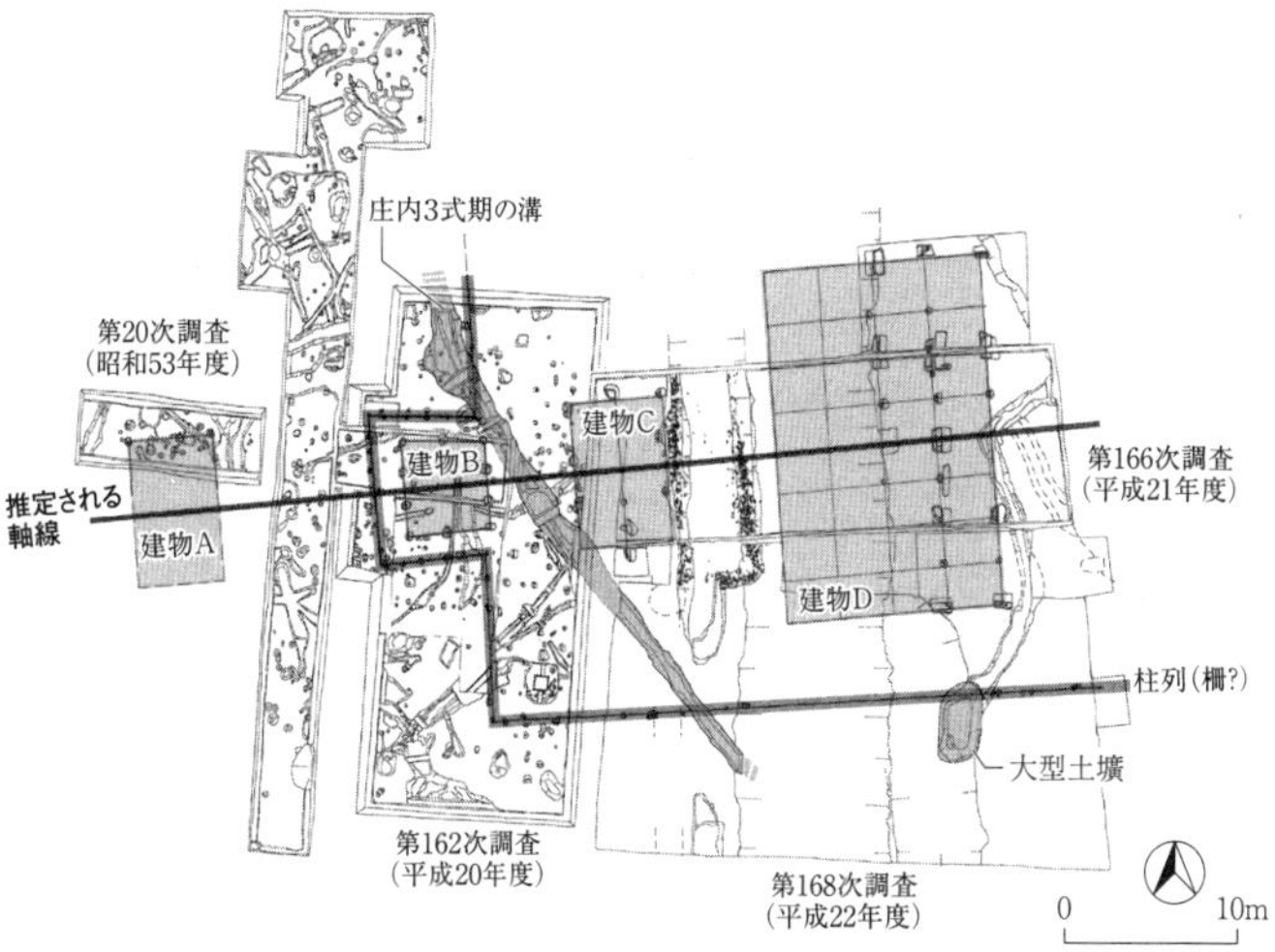

図 1-1　奈良県纒向遺跡の建物配置図

線（建物群の中心を貫く中心線）がすべての建物で一致しています。その上、それらの建物と周りに配された柵も含めて、方位をすべて揃えて構築されており、建物、柵等の構造物が、真北に対して約五度西に振れて建てられています。出土した遺物から判断して、これらの建物や柵はすべて同時に構築され、そして同時に廃棄されたと考えられます。これらの状況から、ここで判明した一連の遺構は明確な設計図に基づき、厳格な規格性をもって構築されたものでしょう。

　また以前の発掘で見つかった南北約八メートル、東西五・三メートルの建物（建物C）は、北面と南面の中央にそれぞれ近接の棟持《むなも》ち柱を配置するといった、高度な建築技術を用いています。優れた測地術を駆使し、整然とした規格に基づいて建てられたこのような建物群は、国内では最古のもので、これまでに明らかになっている弥生時代の大型建物とは一線を画するものです。また個々の建物を比較すると、柵の内側の建物は大きく、外側の建物と比べて規模にはっきりとした違いがあり、柵を境にして内郭と外郭に整然と分けられていたと思われます。

またここでは大規模に行われた祭祀が推定されています。建物が廃棄された後に掘られた土《ど》壙《こう》から、桃の種がなんと二七〇〇個以上も見つかりました。多量に出土した種のなかには未成熟のものや、果肉の残ったものも含まれているので、食糧以外の目的で、成熟・未成熟を問わず桃を大量に集める必要があったのでしょう。桃は中国では祭祀に用いられます。土壙からは、この他ミニチュア土器、剣形木製品、黒漆塗りの弓、竹製籠などを含め非常に多種類の遺物が出土しましたが、そのほとんどが壊された状態で、かつそれぞれが一部分しか出土していません。この土壙で出土した遺物には、明確に祭祀と関わるものが多く見られ、出土状況とも合わせて考えると、この土壙からの出土遺物は、何らかの大規模な祭祀行為に伴うものでしょう。

このように、纒向遺跡の建物群は、時期、立地、屋敷地と建物の規模、建築技術の高さ、宮の廃棄直後に行われた祭祀の規模などからみて、卑弥呼の「宮室」の可能性が十分あるだけでなく、その後、大王や天皇の宮の原形になったとも考えられるものです。

人々を引きつけてやまない邪馬台国は、いったいどういう国だったのかさっそく見ていきましょう。

「魏志倭人伝」と邪馬台国

弥生時代後期には、地方権力は北部九州、吉備《きび》、出雲《いずも》、畿内、東海、関東と、それぞれが独立していました。その地方権力が、権力争いを始めて収拾がつかなくなったため、地方権力は卑弥呼を王に擁立して戦いを収めたのです。こうして日本で初めての中央政権、邪馬台国が西日本に成立します。二世紀末のことです。その後、卑弥呼が没し、王のための巨大な墓、古墳がつくられます。その後権力者は引き続いて古墳を築くようになりますが、この古墳が築かれた時代を古墳時代と呼んでいます。

古墳時代は三世紀前半から六世紀末まで続きます。その後の七世紀初めから八世紀初めは、律令制を日本になじむように整えた時代、つまり律令制国家への過渡期の飛鳥時代・白鳳《はくほう》時代で、平城遷都が成った七一〇年に成熟した日本古代律令制国家が誕生します。

この邪馬台国や卑弥呼について、文字で書かれた記録が「魏志倭人伝」です。これは日本の邪馬台国の様子を中国の人が見て書いたもので、中国の三世紀の歴史を記述した歴史書『三国志』のなかにあります。『三国志』は当時中国にあった魏《ぎ》、呉《ご》、蜀《しょく》の三つの国について記していますが、その魏の記述のなかに、東アジアについて書かれた東夷伝《とうい でん》があり、その東夷伝のなかに倭人伝があります。この倭人伝には、日本の弥生時代中期から邪馬台国誕生後までの様子が書かれており、この文献は一般に「魏志倭人伝」と呼ばれています。

「魏志倭人伝」は、倭国の地理的な位置、朝鮮半島の帯方郡《たいほう》から邪馬台国までの道程、倭国にあった小国の名前、倭人の風習、卑弥呼が共立された経緯、邪馬台国の政治体制、卑弥呼の王としての生活、卑弥呼の外交を記述しています。

この倭人伝がなければ、邪馬台国という国の名前も、卑弥呼という女王の名前も私たちはまったく知らないままだったでしょう。邪馬台国が形成される過程も、わからないことがもっと多くあったでしょう。この文献は日本にとってとても貴重なものです。

吉野ヶ里遺跡と池上曽根遺跡

邪馬台国といえば、その所在地が、大和なのか九州なのかということが熱い論争の一つになっています。一九八九年の佐賀県吉野ヶ里《よしのがり》遺跡の発見で、「邪馬台国が見えてきた」とのキャッチフレーズが飛び交い、この発見は邪馬台国の位置をめぐる論争を再燃させることになりました。

吉野ヶ里遺跡は弥生時代中期の巨大集落遺跡です。工業団地の予定地から、約四〇ヘクタールもの大きな集落と、集落を二重にとりまく環濠《かんごう》、そしてこの環濠にとりまかれた大型の建物、見張り台と推定できる望楼、倉庫群、そして大きな墳丘墓などが見つかりました(図1-2)。

これらの遺構は、「魏志倭人伝」が卑弥呼の居館の景観として描く「宮室《きゅうしつ》、楼観《ろうかん》、城柵《じょうさく》」そして「邸閣《ていかく》」のイメージを彷彿とさせる遺跡でした。宮室は首長が生活して政治を行う巨大な建物、楼観は敵を見張るための物見櫓、城柵は宮室を取り囲む柵、そして「邸閣」は米蔵、ここでは軍用の米蔵のことです。

図1-2　佐賀県吉野ヶ里遺跡全景

また一九九五年、大阪府池上曽根《いけがみそね》遺跡でも、史跡整備事業の一環として調査が実施され、広さ約一〇ヘクタールの大きな環濠集落の中心部に、高床式の長さ二〇メートルの大型建物、そして建物中央のすぐ南にクスの木の大木をくりぬいてつくった大形の井戸が発見されました(図1-3)。さらに興味深いことに、大型建物の柱の年輪から年代が判明して、柱は紀元前五二年に伐採された木であることがわかり、この大型建物は紀元前の終末に建てられたと推定されました。そしてこの年代の決定は、大型建物に伴って出

図1–3　大阪府池上曽根遺跡の復元大型建物と井戸

土した土器の実年代をも決める手がかりとなり、さらに、この土器は形式でいえば、弥生時代中期後半の土器でしたから、弥生時代中期後半の実年代を決定する手がかりにもなったのです。

ここで弥生時代の時代区分について説明しておきましょう。弥生時代は採集経済の縄文時代の後に続く生産経済の時代で、紀元前一〇〇〇年から紀元後二四〇年までの約一二〇〇年間続き、早期、前期、中期、後期、終末期に区分されています（表1－1）。早期は採集もまだ主な経済活動として続いていた時代で、紀元前一〇〇〇年〜紀元前八〇〇年、前期は米の栽培が定着した時代で、紀元前八〇〇年〜紀元前四〇〇年、中期は、小さな政治的まとまり、「魏志倭人伝」にいう「国」が生まれ、さらに大きな政治的まとまりであるブロックが出現する時代で、紀元前四〇〇年〜紀元前五〇年、後期はブロック間の争いが続く時代で、紀元前五〇年〜紀元後一八〇年、終末期は卑弥呼が王として君臨した時代で、紀元後一八〇年〜紀元後二四〇年です。

数年前まで、弥生時代は紀元前五〇〇年から始まるとされてきました。しかし、生命活動を終えた動植物では、その中に含まれる炭素一四が時の経過と共に減るので、有機物の炭素一四の残留量を測って、木なら木が伐採された実年代を決定するという、自然科学による測定法が進歩し(AMS法と呼ばれています)、弥生時代は紀元前一〇〇〇年に始まるという測定結果が出たことから、この考えを採用する研究者が増えています。本書ではAMS法を支持する森岡秀人氏の説を使用しています。

吉野ヶ里遺跡も池上曽根遺跡も、共に弥生時代中期から集落の人口が増え、巨大な環濠集落を形成したという点で共通しています。また双方から大型建物が見つかり、双方とも邪馬台国ではないかと期待されました。しかし、問題はこれらの巨大な環濠集落を「宮室、楼観、城柵」そして「邸閣」をもつという卑弥呼の居館と見なしてよいかどうかなのです。そのことを次に検討してみましょう。

表1-1　弥生時代の時代区分(森岡秀人氏による)

弥生早期	BC 1000 年～BC 800 年
弥生前期	BC 800 年～BC 400 年
弥生中期	BC 400 年～BC 50 年
弥生後期	BC 50 年～AD 180 年
弥生終末期	AD 180 年～AD 240 年

環濠集落の盛行する時代

弥生時代の大きな集落は、直径一〇〇～二〇〇メートル程度の円形の集落で、多くの場合、集落の周りを濠がめぐっています。私たちはこれを環濠集落と呼んでいますが、そこにはリーダーと共に一般農民も住んでいました。環濠集落は、弥生時代の前期に始まりますが、その源流は

図 1-4　中国・姜寨遺跡の想像図（山本耀也画）

中国大陸にあります。

紀元前四〇〇〇年頃の中国新石器時代の仰韶《ぎょうしょう》文化の西安《せいあん》半坡《はんぱ》遺跡や姜寨《きょうさい》遺跡（共に黄河支流の渭河《いが》流域にある）には環濠集落があります（図1－4）。韓国の無文土器文化時代（紀元前八世紀～六世紀）の松菊里《しょうぎくり》遺跡や検丹里《けんたんり》遺跡などの集落も、環濠と柵列をめぐらせており、仰韶文化と同じく稲作や粟作を行っているので、中国の新石器時代の仰韶文化の影響を強く受けていると考えられています。そしてこの朝鮮半島の無文土器文化は、弥生時代前期の福岡県板付《いたづけ》1、2式に並行しており、弥生文化に大きな影響を与えた文化なのです。

縄文時代の晩期に朝鮮半島から、日本人の体格を変えるほど多くの人々が日本列島に渡来し、水稲農耕や生活習慣を伝え、弥生時代が始まりました。環濠集落は弥生時代前期から見られます。日本列島でも争いが始まり防御的集落を必要とするようになって、水稲農耕や鉄の技術をもたらした渡来人が、朝鮮半島の環濠集落の伝統をもとに、つくり始めたのでしょう。しかし初期の環濠集落はそんなに大きなものではありませんでした。福岡市の那珂《なか》遺跡や板付遺跡、また神戸市大開《だいかい》遺跡で発見された弥生時代前期の環濠集落は、直径五〇メートル程度、広さ一ヘクタール前後で、中期のものと比べるとかなり小さい規模です。人口にして五〇人ほどが住める小さなものでした。

環濠は後世の耕作などで削平されて浅い溝しか残らないこともありますが、もともとは幅と深さが約二〜三メートルもある断面V字形の濠です（図1－5）。掘った土を濠に沿って積み上げて土塁を築いたと推定できるものもあります。弥生時代前期に、日本でもこのような環濠集落が必要になる状況が生まれたのです。

図1-5　断面V字形の環濠
（京都府扇谷遺跡）

この弥生時代には水稲農業が始まり、土地と水をめぐる紛争、また石器や鉄器などの資源をめぐる争いが始まりました。その前の縄文時代には、ほとんど見られない石剣の刺さった人骨も、弥生時代になると爆発的に増加しました。この環濠は集落に忍び寄る獣というより、集落の平和を脅かす人間への防御施設と考えてよいでしょう。

巨大環濠集落は「国邑」

この環濠集落は弥生時代中期になると、数が増加し面積も拡大します。畿内地域では、広さ二～三ヘクタールの大きな集落が、およそ五キロメートルの間隔をおきながら点々と分布します。これら大きな集落のなかでも特別に巨大なものが、弥生時代中期の紀元前四〇〇年頃に出現します。この巨大環濠集落は、複数の環濠集落を統括するセンター的集落と考えてよいでしょう。直径三〇〇メートル、広さ約三五ヘクタールの奈良県唐古《からこ》・鍵《かぎ》遺跡、そして先述した吉野ヶ里遺跡や池上曽根遺跡はこの巨大環濠集落ですから、センター的集落にあたります。

長崎県原《はる》の辻《つじ》遺跡は壱岐《いき》島のセンター的集落ですが、「魏志倭人伝」に壱岐国と書かれているだけに注目されます。ここでは、広さ二五ヘクタールをとりまく環濠が発掘され、石を積み上げた船着き場まで判明しました。「魏志倭人伝」は倭人社会に「国邑《こくゆう》」があると書いています。邑とは、中国では城壁で囲まれた大きな集落のことです。西嶋定生氏の説くように、「魏志倭人伝」のいう国邑は、いくつかの環濠集落を統括する巨大環濠集落、つまりセンター的集落と推定できます。

ただし、巨大環濠集落の栄えた時期は紀元前が中心で、卑弥呼の生きた二～三世紀中頃よりもはるか前であり、巨大環濠集落をセンターとする集落群は、卑弥呼の住む宮ではなく、『漢書』が倭国について記述した「分かれて百余国」の国にあたるものと考えてよいでしょう。『漢書』は紀元前の前漢について書かれた本で、日本についても紀元前の弥生時代について記述されていますが、この本が完成したのは紀元後八二一年頃です。

環濠集落の内部

巨大環濠集落の中はどのような構成になっているか、内部をのぞいてみましょう(図1-6)。まず、巨大環濠集落の中心地区には、大型の平地式建物や高床式建物があります。居住面を地面より下におく竪穴住居に対して、平地式は掘立柱を立てて、床を地面より少し高くしており、床がさらに高いものを高床式と言い、普通は倉庫に用いられますが、神殿も高床式で建てられることが多いです。中心地区の平地式建物はリーダーの住居、高床式建物は神殿または倉庫と考えられます。

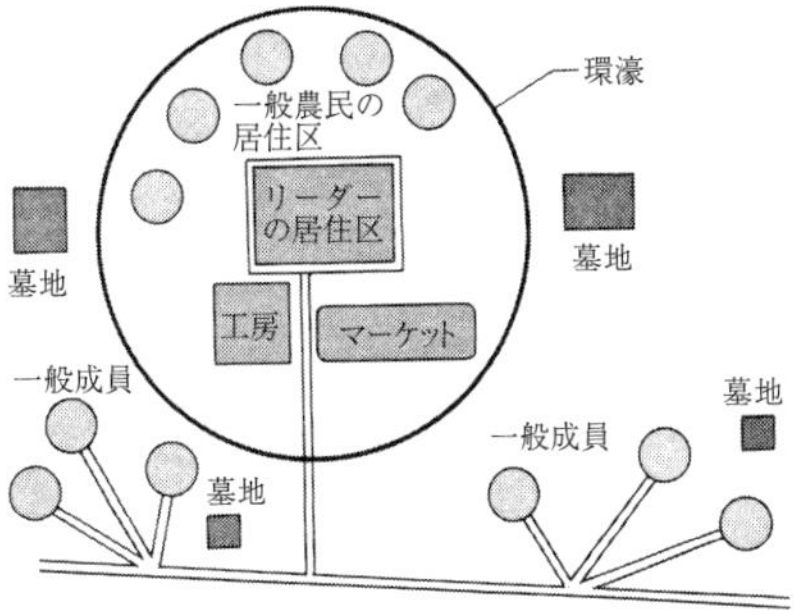

図1-6　弥生時代の環濠集落の構造

なお、私はこの本の中で、リーダーと首長を使い分けています。弥生時代までの指導者には、リーダーを使いますが、西日本が邪馬台国に統一された二世紀末から古墳時代以降の指導者には首長を使っています。つまり指導者が権力をもった社会では指導者を首長と呼んでいます。弥生時

図 1-7　神奈川県大塚遺跡全景

代でも後半になると、リーダーはある程度の権力をもつようになりますが、中央政権の下で、ヒエラルヒーの構造に組み込まれて権力を握る古墳時代の首長と区別して、リーダーを使います。

さて、神殿は宗教施設であり、同時に祭り事、つまり政治を行う場です。奈良県の唐古・鍵遺跡では、高床式建物の絵を描いた土器片が見つかりました。この絵は、荘厳な感じをもっているので、神殿を描いたものと理解されています。大阪府池上曽根遺跡や兵庫県加茂《かも》遺跡では、この中心地区は柵列で囲まれた内郭を構成しており、それ以外は外郭になります。内郭の柵の外側に工房地区があります。工房地区では青銅器やガラス製品の鋳型や金属滓が発見され、高度な技術による手工業がここで行われたことがわかります。また、環濠集落は物資流通の中継基地でもありました。たとえば、池上曽根遺跡では和歌山県産の石材と、この石材で作られた石包丁やその半製品が多数発見されています。つまり巨大環濠集落の工房は、手工業製品の製作だけではなく、遠隔地の物資を、ここを媒介地として広く流通させる機能も果たしていたと推定できるのです。

環濠集落には一般農民も住みました。リーダーの住む中心地区の周辺に、竪穴住居が非常に多く集合して発見されているので、一般農民はこの竪穴住居に住んだのでしょう。ところで、この環濠集落全体に何人ぐらいの人が住んだのでしょうか。中規模の環濠集落である横浜市大塚遺跡には二ヘクタール余りの広さに、同時に存在した竪穴住居が三〇棟ほどあり、建物の広さから推定して、一棟に五人住んだとして一五〇人ほどの人口が推定できます(図1－7)。

池上曽根遺跡は、その五倍の広さですが、農民が共同で使用する大型建物のある中心地区や工房地区などの広さを差し引くと、人口は五〇〇人を超えない規模と推定できます。広い環濠集落では、もちろん人口も多くなることは間違いないですが、集落の総面積に占める中心部の共用施設の面積割合は、環濠集落の規模が大きくなるにつれて増えることがわかっていますから、総面積の比較だけで人口を機械的に何倍と計算するのは危険でしょう。

都市的要素の萌芽

これまで述べた巨大環濠集落は三つの特徴をもっています。第一に、多くの人々が集住した場所です。第二に、環濠集落の中央に、柵列で囲んだ内郭とでもいうべき区画があり、ここにはリーダーの住居と祭祀施設があります。第三に、環濠集落では手工業の場が必ず確保され、交易の中継地となっています。

これらの特徴から、巨大環濠集落は通常の農村ではなく都市だとする考えもありますが、そう考えていいでしょうか。

都市をどのように定義するかは人によって異なりますが、都市とは、①首都の政治センター機能と、門前町などの宗教センター機能と、港町などの経済センター機能を合わせてもち、②王や役人、神官や僧侶、手工業者や商人など、農民以外の多数の人が住みつき、③人口が極度に密集した結果、近隣の資源だけでは自給自足できなくなり、食糧や生活の必需物資を外部の遠隔地に依存する社会である、と私は考えています。自給自足できる農村とは異なり、都市は生活の基盤を外部に依存する社会なのです。

弥生時代の巨大環濠集落は、たしかに政治、宗教、経済のセンター機能をもっています。しかし住民の大半は農民で、手工業や交易に従事する人々の比重は低く、石器の石材や鉄原料を外部との交易で手に入れることはあっても、自分たちの食糧の主要な部分と生活必需物資は、環濠集落の外側に広がる耕地の収穫物でまかなうことができます。ですから都市的要素をもったこの集落は、集住する必要がなくなると農村に戻って自給自足で存続することができたのです。したがって、これを都市と呼ぶのは難しいと思います。といって純粋な農村ではありません。では弥生時代のこの巨大環濠集落をどのように呼べばよいでしょうか。

環濠集落誕生の背景

実は、日本以外にも、巨大環濠集落が世界に広く存在することがわかってきました。それらも日本と同様、中央権力が成立する前段階の緊張の高まりのなかで生まれた特殊な集落です。

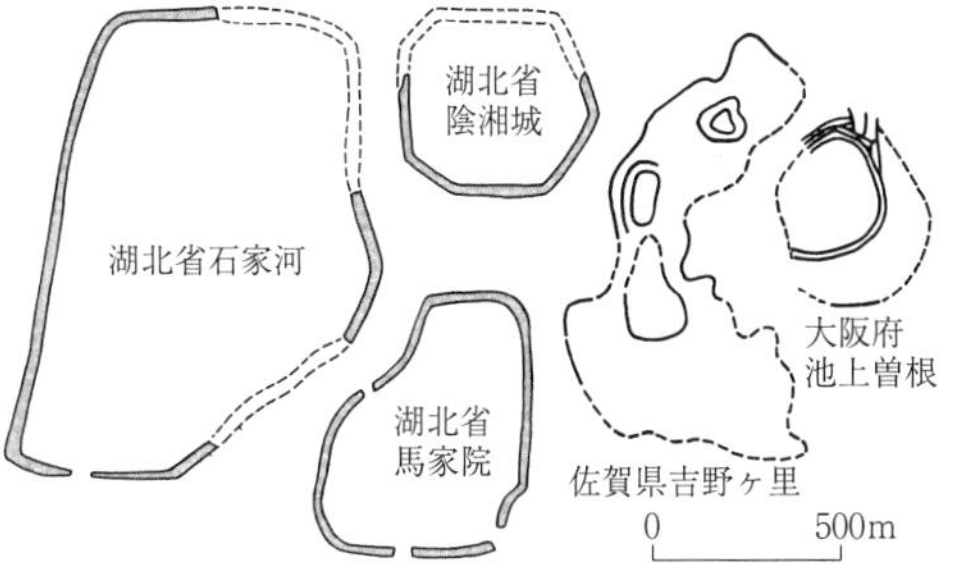

図1-8　中国の城塞集落と日本の環濠集落

また、権力と共に都市が成立する場合は、都市の生まれる前段階の緊張関係のなかにあることが多いです。日本の環濠集落は新石器時代（採集経済の後に来る生産経済の時代ですが、権力の出現する前の段階にあたります）につくられるのですが、中国でも新石器時代後期には、湖北省の石家河《せきかが》遺跡（紀元前二〇〇〇年～）のように数十ヘクタールの広い範囲を高い城壁で囲む集落があります（図1－8）。そしてこの石家河遺跡直後に、城郭都市の殷《いん》（黄河流域）が誕生します。ヨーロッパでも初期鉄器時代にヒルフォート（丘陵城塞。紀元前六世紀～紀元前二、三世紀）が発達しました。

　ヒルフォートは弥生時代の巨大環濠集落と同じくらいの広さで、手工業や交易の拠点という性格もそっくりですし、リーダーを中心に農民が密度高く集住する点でも共通しています。しかし、ヒルフォートでも大多数の住民は近隣の農地を耕して自給する農民であり、手工業者や商人の比重は小さく、都市とはいえません。ヨーロッパの研究者はヒルフォートを都市とは考えていません。やがて社会の状況が変化して集団間の緊張がなくなると、ヒルフォートの濠は埋め戻されて、環濠のない、もとの農村に戻ったのです。

このような特殊な集落が世界各地で生まれるには、共通の背景があります。これら巨大な環濠集落の誕生は、中国の殷あるいはメソポタミアの都市国家のような、成熟した古代国家ができあがる前段階にあたっており、いずれも政治統一を前に、集団間の争いが激しい時期にあたるということです。この段階では、住民は自らを守るために一カ所に密度高く集住します。そのため集落は巨大化して、闘いのための武器が発達し、防御施設を発達させます。また一カ所に集住を進めた結果、リーダーと住民との間に階層分化が進みます。これらの集落はまだ都市とはいえませんが、手工業や交易の活発化で都市的要素が芽生えています。

このような特徴をもつ集落を、単純な農村でもなく、都市でもない第三の類型として「城塞集落」と呼びたいと私は思います。

中国の城郭都市の影響は?

弥生時代の巨大環濠集落は、まわりに広い耕地をもつという集落の実態から見ても、社会の階層分化の低さから見ても、新石器時代に属することから見ても、この城塞集落の仲間と考えてよいでしょう。ただ、ひとつだけ注意しておくべきことがあります。それは、弥生時代の人々が交流した漢代の中国には、紀元前一五〇〇年頃の殷の時代からすでに歴然とした城郭都市が誕生していたということです。中国の城郭都市は、王の住む内郭と住民や商工業者の住む外郭とからなる二重構造をもっています。

　弥生時代の巨大環濠集落が、このような中国の城郭都市の影響を受けた可能性は十分ありま
す。北部九州地方の福岡県須玖岡本《すぐおかもと》遺跡では、朝鮮半島の楽浪郡を通じて手に入れた鏡や璧《へき》
(中央に穴のある円盤状の装飾品)など漢の遺物が、弥生時代中期の墓から出土しています。また
弥生時代中期の池上曽根遺跡では、建物の軸線を南北に設定した建物配置がありますが、これ
らは中国古代の建築思想にもとづくものです。これらの事実は、古代中国の文物や生活様式が、
弥生時代の中期にはすでに日本列島に伝わっていたことを意味します。ですから日本で集団間
の緊張が激しくなり、集住して自衛する必要があるという状況が生じた時、城郭都市を知って
いる渡来人が、城郭都市のアイデアを伝えて環濠集落が誕生した可能性もあります。

　都市は政治センター・宗教センター・経済センターの機能を掌握した権力構造の上に成立す
ることがあります。しかし、当時の弥生時代の倭人社会には指導者はいましたが、権力者とし
てよりも民衆を率いるリーダーとしての性格が強かったので、指導者は政治センター・宗教セ

ンターの機能を十分掌握していませんでした。また独立した商人や手工業者の比重は低かったため経済センターの機能も不十分で、食糧や生活必需物資を外部に依存しないで自給できたので、城郭都市の段階には進まなかったのでしょう。

ただ、弥生時代の環濠集落を都市と考える研究者もいます。広瀬和雄氏は、弥生時代中期の環濠集落にはすでに権力が生まれていると考え、藤田弘夫氏の「都市は巨大な権力が目的を遂行していくうえで拠点となる大規模な施設が必要だと判断したときに建設される」との主張にそって、環濠集落を都市と考えています。

世界各地の城塞集落

西アジアでは、新石器時代開始期のチャタル・ヒュユク遺跡(トルコ)など、日乾《ひぼし》煉瓦で築かれた建物で構成された集落がありますが、屋根から出入りする構造をもっているので、防御的な性格をもつ集落とわかっています。地中海地方でも濠や土塁をめぐらせて防御する集落が新石器時代開始期のセスクロ文化やディミニ文化で認められています。シュリーマンが発掘したことで有名なミケーネ遺跡(ギリシャ)も、深い濠を集落にめぐらせており、周りが農村なので城塞集落と考えてよいでしょう(図1-9)。

イギリスでも、新石器時代のウィンドミルヒル遺跡のように集落の周りに二重、三重に溝

（濠より狭い）をめぐらせるものがありますが、溝は途切れをもつものが多く、その性格については論争があります。やはりイギリスのクリッカリーヒル遺跡では濠内から石鏃《せきぞく》（石の矢尻）が多量に見つかりましたが、濠の出入り口では石鏃の数がとくに多く、集落の内外で激しい戦闘のあったことが明らかになっています。

この新石器時代、スコットランド（イギリス北部）でもブロッホと呼ぶ石造りの塔を中心とする城塞集落が発達しており、イギリス全体で政治的緊張が高まり戦闘が激しくなったことを示しています。

イギリスのデインベリー遺跡は発掘によって、城塞集落内部の様子が明らかになっています。五・三ヘクタールの範囲を土塁と濠で囲み、このなかに円形住居群、方形の高床倉庫群があり、人口は三〇〇人程度と推計されています。

同じくイギリスで、ローマがイギリスを侵略する（一世紀頃）まで続いたメイドゥンキャッスル遺跡は、最も規模の大きな城塞集落として知られており、長さは五四九メートルもあります（図1－10）。

図1–9　ギリシャ・ミケーネ遺跡

北アメリカのアリゾナ州やニューメキシコ州などでも、新石器時代に防御集落が発達しています。中南米のマヤやインカ文明もやはり城塞集落で、王宮と神殿を中心に、二〇〇トンもの巨大な切り石で城塞を築き、城塞の内部には物見台がおかれ、外部の敵を見張っていました。マヤやインカでも、城塞の周りは広いトウモロコシの畑で、生活の基盤は自給自足で成り立っていたと考えられています。

図 1-10　イギリスのメイドゥンキャッスル遺跡

リーダーの居館と墓

城塞集落とでもいうべき巨大環濠集落は弥生時代中期中頃に登場し、多くの場合、弥生中期末には急速に減少し、衰退します。その後も続く巨大環濠集落は、例外的に後期まで存続する唐古・鍵遺跡だけです。巨大環濠集落は、『漢書』がいう「国」、さらに大きなブロックに統合される激しい戦いに備えた防御的な居住形態だったのでしょう。

弥生時代の環濠集落は、リーダーと農民とが環濠で囲まれた空間に共に住んで集団全体の守りを固めるという性格のものでした。しかしブロックが形成されると、巨大環濠集落で力を蓄えたリーダーは、巨大環濠集落を出て、濠や柵列で囲まれた防御施設をもつ首長のための居館を構えるようになります。滋賀県の伊勢《いせ》遺跡や下鈎《しもまがり》遺跡は、弥生時代後期に登場した首長居館です。しかし一般的な環濠集落では、リーダーはまだ独立して居館を構えるだけの力をもっていませんでした。その後、弥生時代終末期から古墳時代初期になると、力を蓄えた多くの首長が居館を築くようになります（図1－11）。首長居館が環濠集落から分かれて独立すると、残された一般農民は分散して小さな村をつくりました。

図1-11　纒向遺跡の居館想像復元図

　また弥生時代中期から終末期にかけて、集落だけでなく墓制でも大きな変化がありました。リーダーの墓が共同墓地から分かれて独立し始めます。リーダーと一般農民が共に環濠集落に住んでいた時も、リーダーの墓には弥生時代中期から、とくに立派な副葬品が供えられるようになり、盛り土も大きくなりますが、場所は共同墓地内にとどまり、住民の墓と共存していました。しかし弥生時代中期も末になると、リーダーの墓は共同墓地を離れて築かれるようになり、終末期になると一部の墓は丘陵の高みに独立して築かれ始めます。古墳時代になって首長居館が環濠集落から独立すると、多くの首長の墓は、共同墓地とは隔絶した丘陵の高みに独立して築かれるようになったのです。

首長の墓が共同墓地から独立し、首長居館も独立して環濠集落が解体するといった、墓と集落に現れたこのような変化を見ると、二世紀末から三世紀中頃までに、つまり弥生時代末から古墳時代の初めに大きな社会的変動が生じたことがわかります。リーダーと農民の関係が大きく変わり、農民と別の場所に居館を営むほど大きな力をもつようになったリーダーは、権力をもつ首長へと変身します。

卑弥呼が王として活躍した二世紀末以降は、すでに巨大環濠集落が解体した後の時代でした。ですから「魏志倭人伝」が「宮室、楼観、城柵」そして「邸閣」と描く卑弥呼の居館とは、弥生時代中期の巨大環濠集落のことではありません。「魏志倭人伝」は卑弥呼について、その姿を「見る人はなく」と書いています。その宮室とは、王と民衆とが共に住む環濠集落ではなく、城柵や楼観で守りを固めた独立した大規模な首長居館と考えるのが妥当です。

2 倭国の乱

卑弥呼の登場前夜の乱

「その国、もと男子をもって王となし、住《とど》まること七、八十年。倭国が乱れ、たがいに攻伐することと歴年、そこで（有力首長たちが）共に一女子を立てて王とした。卑弥呼という名である」。これは、卑弥呼の登場について「魏志倭人伝」が語る有名な文章です。三世紀の半ばに中国の魏の王朝によって「倭国王」と認定された卑弥呼は、もともとは動乱の収拾のために倭人社会の諸勢力によって共立された王であったことを示す重要な史料です。

また「魏志倭人伝」より後に編纂された『後漢書』は、「桓・霊の間、倭国大いに乱れ」と書きます。桓・霊の間とは、後漢の桓帝と霊帝の治世の間の意味で、一四七年から一八九年をさします。この記述によると、乱は二世紀後半のこととなります。

この動乱がどの範囲に広がり、誰と誰とが戦ったのかは、当時の日本列島の政治状況の見方を左右します。またそれがわかれば邪馬台国の位置も自ずと判明します。

共同墓地からリーダーの墓が独立し、環濠集落から首長居館が独立する過程で、どんな社会的変動が起きていたのか見ていきましょう。

弥生時代の初期からあった争い

「魏志倭人伝」は、卑弥呼が立つ前、倭国が乱れ長い間あい争ったと伝えており、考古学の資料からも、卑弥呼が立つ前（弥生時代後期）の激しい戦いが明らかになっています。「魏志倭人

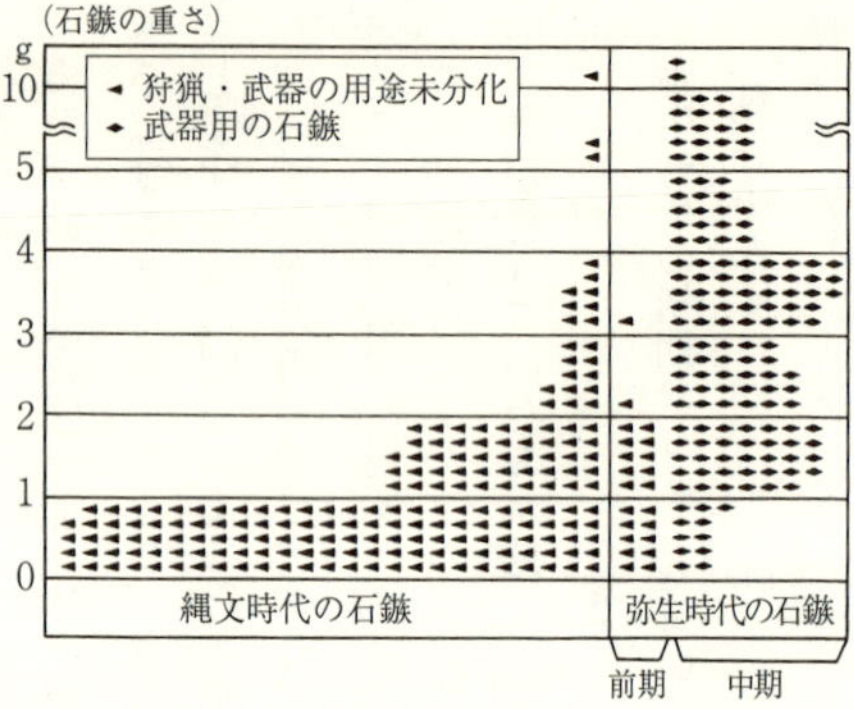

図1-12　縄文時代と弥生時代の石鏃の重量比較

伝」は弥生時代中期からの状況を記述していますが、実は弥生時代は、「魏志倭人伝」に記録される前の弥生時代前期から、戦いが始まっていたことが、考古学の研究からわかってきました。戦いを証明する資料はいくつもあります。

戦いの証拠はまず、弥生時代の武器です。弥生時代の中期になると、石鏃や銅鏃や鉄鏃は、縄文時代の狩りに使用された石鏃より大形化して、人の殺傷に適したものになります。武器の出土数は弥生時代中期からうなぎ上りに増加します。

香川県の紫雲出山《しうでやま》遺跡から出土した多数の石鏃を調査した佐原真氏は、縄文時代から弥生時代前期までの石鏃はほとんどが二グラム未満なのに、弥生時代中期以降の石鏃は、二グラムから一〇グラムのものが圧倒的に多いのに気づきました(図1-12)。佐原氏は「イノシシ・シカを狩るには、二グラムまでの重さが最適だったからにほかならない」が、「人を対象に変えた時、鋭さを増し重さを加えた矢が必要とされる」と述べています。弥生時代に生まれた打製短剣、鉄の剣、刀も人を殺傷するのに適した武器ですが、これらもまた中期に著しく増加します。
また傷を受けた人骨や、剣の切っ先が折れて突き刺さった人骨などは生々しい証拠になります。矢の刺さった人骨は、縄文時代にはほとんど見られませんでした。橋口達也氏が福岡県スダレ遺跡の弥生時代の甕棺《かめかん》墓の人骨に刺さった石剣の先に着目して以来、この種の資料が注目され、その類例が増加しました(図1-13)。また、前に述べた濠や柵列をめぐらす弥生時代の環濠集落の発達は、集落が戦争に備えていることを示しています。

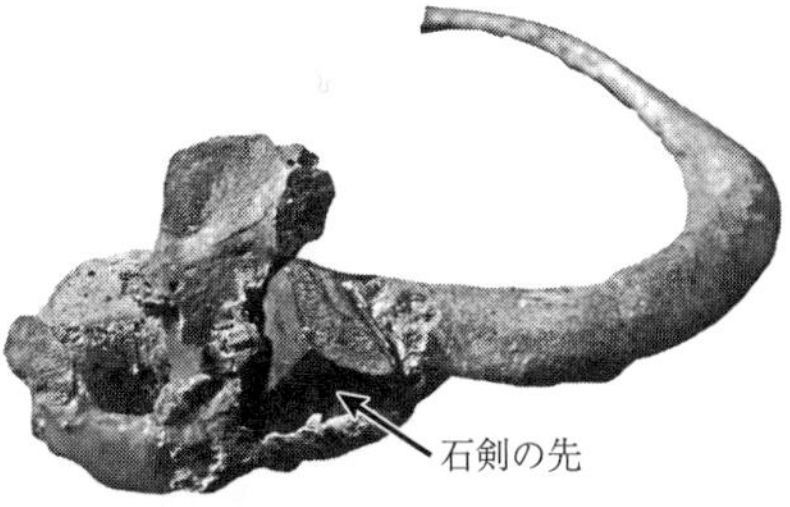

図1-13 背に石剣の刺さった人骨(福岡県スダレ遺跡)

戦いは一般的には弥生時代中期に始まり激しさを増しますが、北部九州では、戦いは弥生時代の初めにまでさかのぼります。福岡県新町遺跡の墓では、足の付け根の骨に石鏃の刺さった人が埋葬されていますが、これは前期より古い弥生時代早期です。橋口氏によると、北部九州では、弥生前期と中期の段階に石剣や銅剣の刃先や鏃の刺さった人骨が二六二例以上に達していますが、このような例は紀元前八〇〇年から前二〇〇年頃にとくに多いのです。

北部九州は大陸と地理的に近いため、渡来系の集団が早くから頻繁にやってきました。そのため水稲農耕の定着が早く、土地や水をめぐる地域内の争いも、他の地域より早く始まったのです。この地域のリーダーは死後、甕棺(埋葬用に作られた土製の大きな甕)に納められ、青銅の短剣や矛《ほこ》、あるいは鉄戈《てっか》が副葬されますが、これらの被葬者は一般的に地位が高く、同時に土地をめぐる戦いの戦士あるいは戦士集団の指揮者でもあると考えます。

弥生時代の北部九州と畿内とでは、稲作の開始時期や墓の型式など、多くの違いが指摘されています。寺前直人氏は、北部九州と畿内のもつ二つの社会の特質について、今までと異なった視点から言及しました。寺前氏によると、北部九州を中心に日本海沿岸地域では、弥生時代中期から後期に、階層の高い墓にだけ金属製武器が必ず副葬されるようになる。一方畿内では、弥生時代中期に石製短剣が非常に多く生産され、その石製短剣は九州と違って一般農民の墓に副葬される傾向を示し、その後弥生時代後期に激減するが、それに代わる金属製短剣の副葬は増えず、武器は終末期までほとんど副葬されなかった。

これらの状況から寺前氏は、北部九州では武器の所有が階層の高さを示すが、畿内では武器の所有は高い階層を示さず、武器である石棒を用いた儀礼を行うことで農耕社会に生じた利害の調整を行ったとし、階層化を押し進めた武器体系と、階層化を押しとどめた武器体系をもつ二つの社会の存在を指摘しています。

高地性集落の出現

このように弥生時代中期には、土地や水を求めて激しい争いが始まり、「国」という小さな政治的まとまりが生まれました。この小さな政治的まとまりである「国」(複数の環濠集落と、それらを統括するセンター集落からなっていたと思われます。大小ありますが、現在の市の広さ程度と考えてよいでしょう)については、「魏志倭人伝」に記述がありますが、「国」の存在は考古学からも推定されています。

北部九州の奴《な》国のセンター集落の墓は、他のセンター集落の墓と比べて大きく、副葬品も立派です。そして中国の王から倭の奴国に授けられた金印が出土しています。奴国のセンター集落の周りの一般集落では、墓の副葬品も他国の一般集落の副葬品と比べて立派ですし、集落自体も広いのです。一定の地域の状況が他の地域の状況と異なるといったこのような事実から、「国」の存在が考古学からも推定されています。

続いて「国」と「国」の間にもさらに激しい争いが始まります。そしてさらに大きな政治的まとまりであるブロックが生まれます。耕作地や水をめぐる争い、中国の王との交易権をめぐっての争いでしょう。「国」のリーダーの墓からは、中国製の鏡、璧《へき》、高度な技術を要するガラス類が多く出土しています。

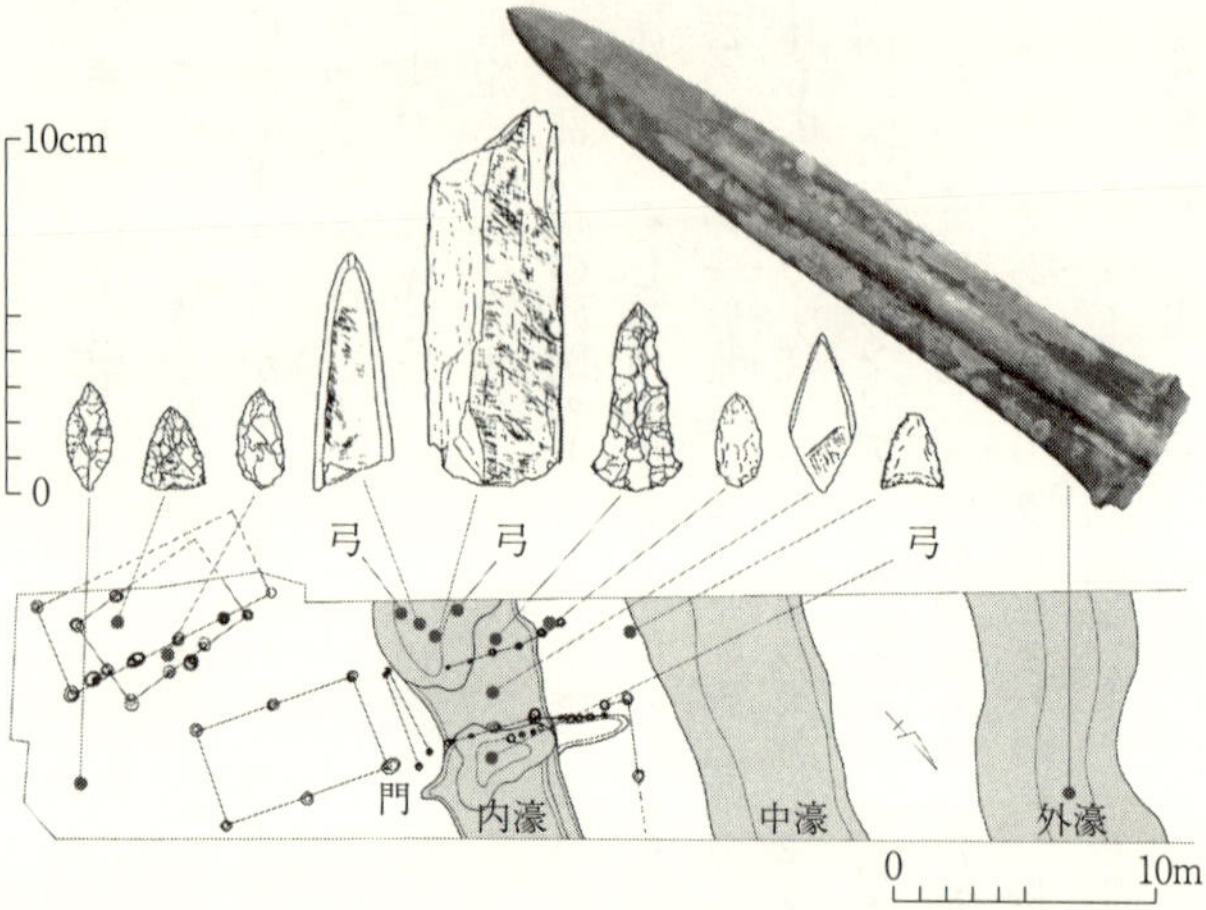

図1-14　滋賀県下之郷遺跡の戦いの跡

瀬戸内海沿岸や畿内でも、北部九州よりは遅れて戦いが始まりますが、弥生時代中期になると戦いは激しさを増します。神戸市玉津《たまつ》田中《たなか》遺跡の墓から青銅短剣が突き刺さった弥生時代中期の人骨が発見されました。また弥生時代中期の後半には、人間同士の戦闘用に作られた大形で重い石鏃、あるいは打製や磨製の石の短剣が大量に出てきます。この時期には青銅や鉄の短剣は出土していますが、まだ多くないので、金属製武器の不足を補うために石の武器が発達したのでしょう。滋賀県下之郷《しものごう》遺跡では、折れた青銅短剣や石鏃が、環濠集落の入り口付近ではとくに多く出土し、ここで起きた戦闘の情景をほうふつとさせます（図1－14）。

戦いの激しさを物語るさらに興味深い事実

が明らかになっています。弥生時代中期のこの時期には、平野に巨大な環濠集落が存在する一方で、山頂や丘陵の尾根にも集落が営まれるようになります。高地性集落と呼ぶこの種の集落は、水田に通うには大変不便な立地にありますから、ここに集落を営む特別の理由があったに違いないと、小野忠熈氏は指摘しました。これらの高地性集落も環濠をめぐらせ、石の武器の出土も多く、ときには投弾用の石礫《いしつぶて》が出土しました。香川県紫雲出山遺跡、岡山県貝殻山《かいがらやま》遺跡、奈良県巨勢山《こせやま》遺跡、大阪湾北岸の会下山《えげのやま》遺跡、高槻市古曽部《こそべ》・芝谷《しばたに》遺跡、和泉市観音寺《かんのんじ》山《やま》遺跡、富田林《とんだばやし》市の喜志《きし》遺跡と河南町寛弘寺《かんこうじ》遺跡などが高地性集落として有名です。

北陸や新潟でも高地性集落は見つかっています。新潟では古津《ふるつ》八幡山《はちまんやま》遺跡、斐太《ひだ》遺跡が有名ですし、北陸では、石川県の杉谷《すぎたに》チャノバタケ遺跡、鉢伏茶臼山《はちふせちゃうすやま》遺跡、河田《こうだ》山《やま》遺跡がよく知られています。

高地性集落は、いざ戦闘となった時に立てこもる山城となったのでしょう。また、遠くまで見通しの利く高地にあることから、外敵の動きを見張り、ノロシなどを利用した通信所の役目をも担ったものと考えられます。高地性集落ではノロシの火を焚いたと推定できる直径一メートルから二メートルの焼けた穴が見つかることがあります。

弥生中期の争いの性格

弥生時代前期や中期に見られるこの戦いの性格はどのようなものでしょうか。

弥生時代前期の戦いは、地理的に近接しており、河川や丘陵で分断されていない小さなまとまりが形成される過程の小規模の争いでしょう。この前期の戦いに続いて、弥生時代中期には『漢書』にいう「国」が形成される戦いが生じます。『漢書』は、弥生時代中期の状況を、倭人は「百余国」に分かれていた、と書いています。ついで、複数の「国」をまとめてさらに大きなブロックである北部九州、瀬戸内、出雲、畿内、東海、関東が形成される過程の戦闘が生じたと思われます。

これを示唆する面白い研究があります。北部九州、瀬戸内、出雲、畿内、東海、関東の弥生時代中期の戦闘用石鏃は、大きさ、厚さ、形、成形、材質などが、それぞれのブロックごとに特色をもっている上に、おなじサヌカイトでも産出地によって石質の違いがあるので、石鏃を拾った時、どのブロックの石鏃かを識別できること、また別のブロックでつくられた石鏃は入り交じっては出土しないことを、佐原真氏は指摘していました。

松木武彦氏は、この佐原氏の研究に異なった視点から光を当て、非常に興味深い事実を引き出しました。つまり、別のブロックでつくられた石鏃は入り交じっては出土しないという事実から、弥生時代中期の戦いはブロック内部の争いであり、弥生時代中期にはブロックを超えた

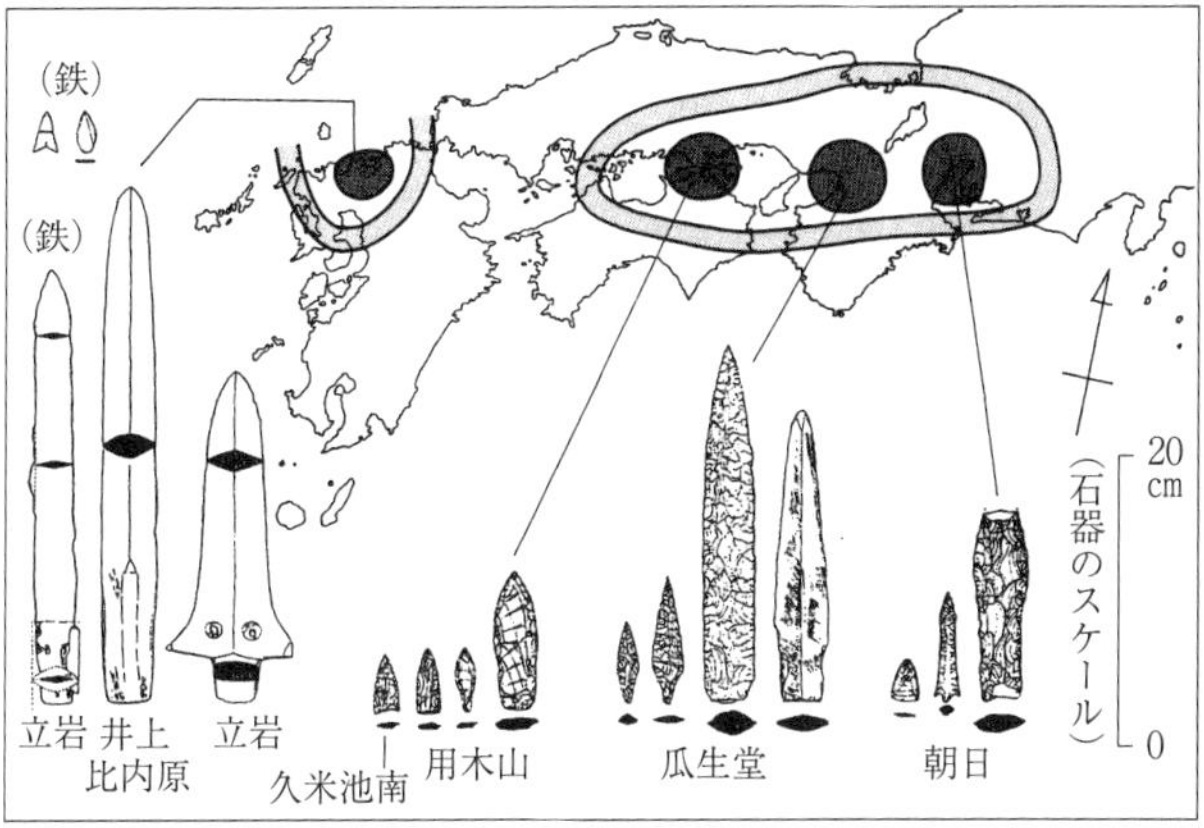

図1-15　地域で異なる石製武器(弥生時代中期)

広域戦争は考えにくいことに、松木氏は気づいたのです(図1-15)。

北部九州では、石の短剣や石鏃、青銅短剣や鉄戈、そして鉄鏃が発達していますが、これらの戦闘器も九州以外のブロックの戦闘に使用された形跡はありません。したがって、これもブロック内の戦いの証拠となります。つまり、この弥生時代中期における戦いは、小さな国どうしが戦って、たとえば北部九州ブロックにまとまるというように、ブロック内部の戦いでした。

青銅祭器の分布圏

弥生時代中期に形成されたブロックどうしの関係を知る上で、祭りに使用された祭器の分布圏のありかたは重要な示唆を与えてくれます。弥生時代には祭りの道具として、象徴化された武器や楽器が使われますが、北部九州では、銅矛《どうほこ》と銅戈《どうか》、瀬戸内海東部沿岸では平形銅剣、畿内と東海では銅鐸《どうたく》、出雲地方ではこの地方特有の中細形銅剣、関東では有角《ゆうかく》石器が祭器として使用されました。武器形の祭器は実用ではなく、戦いを象徴するものであり、果敢な戦いによって領地を拡大してくれた先祖や英雄をたたえ、集団の繁栄を祈願する呪具と考えてよいでしょう。また銅鐸の絵画には狩猟や脱穀の絵と共に、弓矢や楯をもつ戦士や船団の絵があります（図1－16）。したがって、銅鐸に描かれた絵画は農耕神話のみならず、船団をくりだして領土拡大に活躍した英雄の伝説や祖先の神話が語られていると思います。

図1–16　銅鐸に描かれた船団（福井県井向1号銅鐸）

　祭器の分布圏は、北部九州、瀬戸内、出雲、畿内、東海、関東というようにそれぞれ分かれています。祭器を共有するブロック内の諸集団は、田中琢氏が指摘するように、遠い先祖が共通するという信仰や、いざというときに結束する仲間意識をもつ人たちであったと考えられます。

　この祭器によるブロック区分は、先に述べた共通の戦闘用石鏃に示されたブロック区分とも矛盾しないのです。戦闘器の分布、祭器の分布、後に述べる埋葬様式の分布から見て、弥生時代中期には北部九州、瀬戸内海東部沿岸、出雲、畿内、東海、関東に政治的まとまりであるブロックが生まれていたこと、そして各ブロックは政治的にそれぞれ独立していたことがわかります。

図1-17　一括して埋納された銅鐸と銅矛(島根県荒神谷遺跡)

一九九六年の秋に、島根県の弥生時代中期の加茂《かも》岩倉《いわくら》遺跡から三九個の銅鐸が一緒に出土して話題となりました。また近くの荒神谷《こうじんだに》遺跡では、銅鐸と銅矛とが一括して埋納されていました(図1-17)。出雲地域は、この地域固有の中細形銅剣形祭器が広く行き渡っており、この祭器で仲間意識をもち、連帯していたと考えられますが、同時に畿内の銅鐸と北部九州の銅矛という二種の祭器も受け入れているのです。出雲は北部九州と畿内の二つの勢力と親しい関係を結ぼうとしたと考えることができます。つまり、出雲の勢力は西と東の両勢力からの友好の誘いかけを受け、両者をにらみながらキャスティングボートを握るだけの力をもっていたと解釈することもできるのです。弥生時代中期には、独立している各ブロックは、自らの勢力を拡大しようと、隣接するブロックに積極的にアタックし政治的な駆け引きをしていたことが窺えます。邪馬台国誕生に向けての戦いの前夜で政治的緊張が高まっていたのでしょう。

二世紀末の地域割拠と広域動乱

では、「魏志倭人伝」に伝える、卑弥呼が立つ前の動乱とはどのようなものでしょうか。この時期は弥生時代後期後半で二世紀の初めから後半にあたります。この段階でも中期と似た、北部九州、瀬戸内、出雲、畿内、東海、関東の各ブロックが認められます。祭器の分布圏を見ると、北部九州を中心に広形銅矛が使用され、その分布は四国西南部にまでのびています。畿内に分布する銅鐸は大型化し、和歌山県南部や四国東南部にまで分布域を広げています。北部九州勢力と畿内勢力がそれぞれ四国の西と東に友好の誘いかけをして競り合っています。この頃東海では銅鐸祭祀が中期から続いています。

一方、吉備(瀬戸内海東部沿岸)と出雲では、二世紀末のこの時期になると青銅祭器はあまり出土しなくなります。この地域では、この二世紀末、青銅祭器の祭りに代わって、大きな墳丘墓築造が盛んになります。吉備と出雲では、集団の一体感や先祖との一体感をはかるのに、青銅祭器を使った呪術が廃れ、墓を大規模に築造して、そこで執り行われた共通の先祖祭祀という新しい宗教がそれぞれの地域で登場していたと考えることができます。

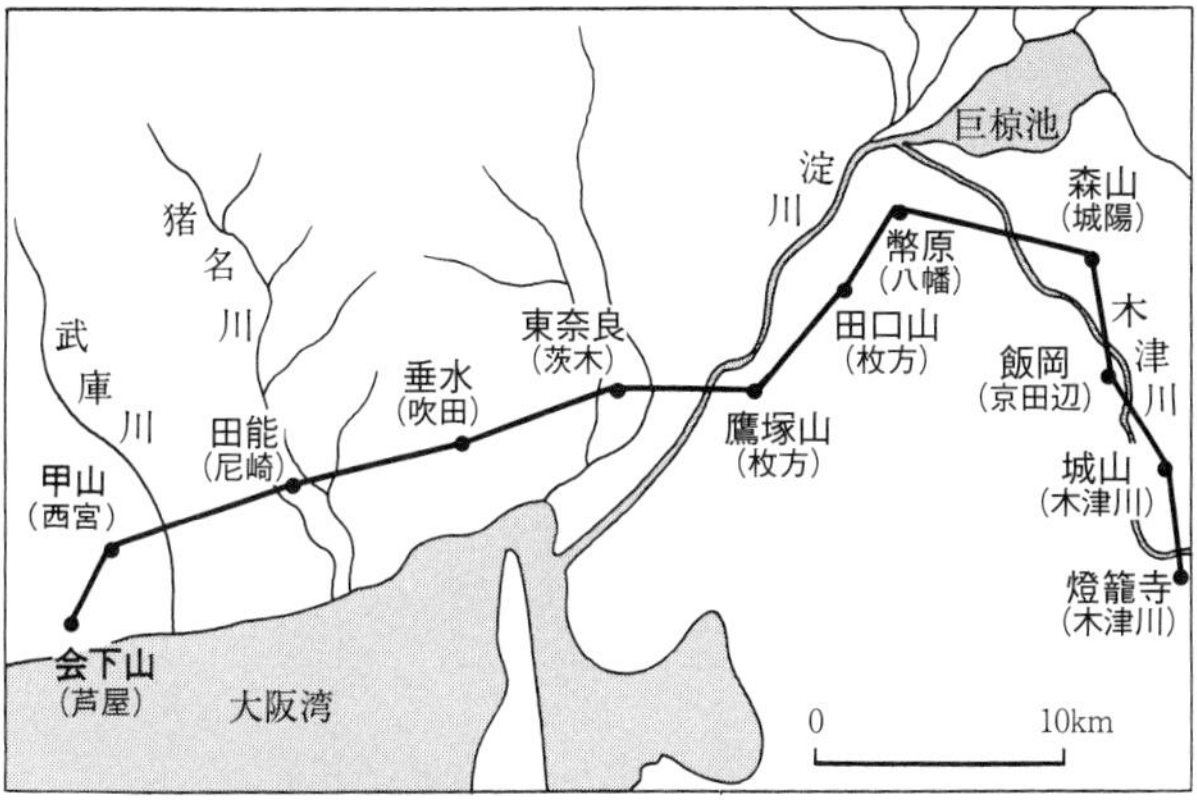

図 1-18　淀川水系の高地性集落とノロシ実験コース

弥生時代中期に多く生まれた高地性集落が、この後期に再び激増します。北部九州では大分県白岩《しろいわ》遺跡や福岡県西ノ《にしの》迫《さこ》遺跡のように、見通しの利く高地に集落を構えるものが登場します。瀬戸内海沿岸では山口県吹越《ふきこし》遺跡や兵庫県塩壺《しおつぼ》遺跡のように、海上交通の要衝を見おろす山の上に集落が出現します。大阪湾北岸の会《え》下山《げのやま》の高地性集落では、標高二〇〇メートルの尾根場に、六基前後の住居と墓地が築かれ、祭祀跡と火を焚いた跡が見つかりました(石野博信氏)。また、畿内では沿海部のみならず、淀川水系に沿った内陸の交通の拠点にも高地性集落が営まれます。

　後期の高地性集落を地図の上に落とすと、それらは広域をリレー式に結ぶように配置されていることがわかります。二〇年ほど前、ＮＨＫの協力で淀川水系に築かれた高地性集落の上でノロシをあげて通信の実験をしたことがあります（図1－18）。兵庫県会下山遺跡から京都府木津川市燈籠寺《とうろうじ》遺跡まで一二の遺跡を結ぶ三二キロメートルを五六分かけて通信が伝達できました。つまり時速約三〇キロメートルの速度となります。二世紀の動乱の際には、このようなノロシ信号が活躍したのでしょう。

滋賀県大津市の高峰《たかみね》遺跡と佐賀県唐津市の湊中野《みなとなかの》遺跡はノロシをあげた集落ですが、高峰遺跡では、五本柱をもつ円形の竪穴式住居が築かれていました。

後期の戦いはブロックどうしの戦いでした。各ブロックの他ブロックへの働きかけは激しさを増し、その地域の伝統の祭祀形式を広い範囲で変更させるほどの力になっているのです。

鉄の供給ルートをめぐる覇権争い

鉄の普及は、一世紀代まで「ツクシ政権」と言われるほど力をもつ北部九州が最も進んでいました。二世紀の倭国の乱の契機について、山尾幸久氏は次のような興味深い解釈を示しています。「ツクシ政権」が鉄の獲得において優位だったのは、「ツクシ政権」が後漢王朝の庇護を受けており、鉄を産出する朝鮮半島の楽浪郡が後漢王朝の支配下にあったからであるが、二世紀末に後漢王朝が弱体化し、この好機に「ヤマト政権」が「ツクシ政権」を制圧し鉄の供給ルートを掌握したのだというのです。

二世紀末は、畿内を含めた日本列島主要部において石器が急速に消滅し、鉄器が本格的に普及しましたが、この頃畿内は力を増し、北部九州を含め西日本全体に大きな影響力をもつようになっていたので、全国に鉄が急速に普及したのは、鉄が畿内を通して日本に多量に流入したからと推定できるのです。山尾説は、日本列島全土において鉄が急速に普及した背景を明快に説明するので、私を含め支持する人は多いのです。

「魏志倭人伝」が九州の伊都《いと》国について「(伊都国には)世々(代々)王がいるが、みな女王国に統属(従う)」と書いているのも注目されます。代々の王が女王国に従うとの記述が、卑弥呼が共立される前に、伊都国が邪馬台国の支配下にすでにあったことを示すと理解されているからです。

北部九州にあった奴国の王に中国から下賜された印が福岡県の志賀島《しかのしま》で発見されたこと、奴国の面積が他の国より広いこと、奴国のリーダーの墓がとくに大きく副葬品も立派であることから、奴国は中期まで北部九州のリーダーシップをとっていたと思われます。しかし後期になると、伊都国の墓の規模が大きくなり副葬品も立派になって、奴国の墓と肩を並べるようになることから、伊都国は奴国と対抗するまでになっていたと思われます。

高倉洋彰氏は、邪馬台国と奴国の力関係の変化を、考古学の資料から検証しています。三世紀前半には、庄内式と呼ぶ畿内周辺で製作された土器、あるいはそれを模倣した土器が北部九州に流入していきます。またこの頃、畿内のリーダー一族は方形の低い墳丘墓に木棺や直葬で葬られましたが、北部九州では方形の低い墳丘墓に甕棺で葬られるのが普通でした。しかし三世紀前半から、北部九州でも畿内と同じように木棺や直葬による埋葬方法が普及し始めます。しかも興味深いことに、その流入は、畿内に近い瀬戸内海に面した大分県などの東九州で早く、北部九州では、伊都国周辺(現在の前原市あたり)の西側などで早く、東側の奴国(現在の福岡市あたり)の領域では遅れます。このことから、三世紀前半には奴国を周辺から圧迫するような、邪馬台国の力が及んだ包囲網とでもいうべきものがあったと高倉氏は推測しています。

畿内は鉄を運ぶルートを掌握して急速に力を伸ばし、畿内の祭器が和歌山、四国東部にまで拡大し、邪馬台国はついに西日本を掌握しました。掌握後、畿内の庄内式土器、木棺や直葬による埋葬など畿内文化が、邪馬台国と強い繋がりをもつルートを通って北部九州にまで流れ込んだのでしょう。

大和で王権が誕生した背景には、東国との連携があったとする人もいます。畿内の初期の王の墓に使用されたものと同じ形式の埴輪《はにわ》が、伊勢南部を通って東国まで広範に使用されたからです(高橋克壽氏)。

卑弥呼共立以後の争い

「魏志倭人伝」は、邪馬台国が狗奴《くな》国と争っていたと伝えています。邪馬台国が大和にあったと考えると、後述するように南を東と読み替えるわけですから(六二ページ)、狗奴国はさらに東の東海を中心とする政治勢力となります。弥生時代終末期の二世紀末には、前方後円墳の原形が瀬戸内海沿岸と畿内で成立していますが、東海でも関東でも、これとは異なる前方後方墳の原形となる墓が流行し始めています。同じ墓形を採用して、首長どうしの政治的な結びつきを強める例が、弥生時代からありましたから、前方後円墳とは異なるこの墓形から推定すると、東海には、大和の邪馬台国とは別の結束をもった勢力がいたと考えられます。この別の結束をもった勢力が「魏志倭人伝」がいう狗奴国ではないかと考えます。

さらに注目すべきことがあります。西日本では二世紀前半から中頃に高地性集落が増加しましたが、北陸、東海、関東の東日本では二世紀後半になって、高地性集落が増加します。この状況は、西日本で二世紀前半から中頃に起きた政治的緊張が、一歩遅れてこの東の地域にも波及したことを意味します。これが、おそらく卑弥呼と狗奴国の王との争い、あるいは卑弥呼の死後邪馬台国と狗奴国の間に起きたと「魏志倭人伝」が伝える争いでしょう。

以上をまとめると、弥生時代における争いや戦争は、大きく四段階に分けることができます。第一段階は弥生時代早期から前期にあたるもので、これは山や川など地理的な条件で区切られた小地域内で、水や土地の分配をめぐる争いでしょう。第二段階は弥生時代中期のもので、小さな「国」を築く過程の争いです。続いて、この小さな「国」をさらに大きなブロックに統合する動乱、第三段階は弥生時代後期のもので、西日本全体を巻き込んで戦いが続き決着がつかなかった「魏志倭人伝」にいう「倭国乱」で、卑弥呼を共立して戦いを収めた動乱です。第四段階は三世紀代中頃のもので、卑弥呼の跡を継いだ壱与《いよ》の時代で、狗奴国を巻き込んで東日本にまで波及した動乱ということができます。

3　前方後円墳の源流

前方後円墳とは

話が少し先走りしますが、卑弥呼が亡くなり葬られた前方後円墳は、世界的にも例のない特異な形をしています。前方後円墳のこのユニークな形の起源については、長い間論争がなされてきました。江戸時代の尊王論者蒲生《がもう》君平《くんぺい》は、この形が「宮車《きゅうしゃ》」を模したものだと主張しました。宮車とは中国皇帝の「天子の車」のことです。しかし古墳時代には車がなく、最古型式の前方後円墳の形は「宮車」とは違う形なので、蒲生説は現在では採用されていません。しかし、車を引く柄の部分を前方部と考え、「前方後円」と呼んだ彼の用語は今に継承されています。

前方後円墳が中国や朝鮮半島にすでにあって、それが倭の社会に影響を与えたという説もあります。しかし、たとえば中国河南省の打虎亭《だこてい》墓は後漢代の墓で、側面からみると前方後円墳にそっくりですが、円丘墓が二つ連なったものです。また、韓国の考古学者姜仁求《カンイング》氏は、韓国の前方後円墳が日本の前方後円墳の原形になると主張しました。しかし日本の前方後円墳が三世紀に誕生するのに対して、これまで韓国で発見されたものは六世紀前半のものですから、韓国の前方後円墳は逆に、倭から朝鮮半島に伝わったと考えるべきでしょう。

前方後円墳の起源をさぐる別の可能性は弥生時代の墓にあります。弥生時代の墳丘墓の研究はこの四〇年間で大きく進みました。弥生時代の末に、前方後円墳や前方後方墳の原形となる墓が数多く生まれていたことがわかってきたのです。弥生時代のリーダーは権力をもたないので、リーダーは弥生時代の初めから終わりまで、住民と共に共同墓地に葬られたと研究者はかつて考えていたのです。

しかし住民とリーダーが共に共同墓地に葬られたのは弥生時代前期までのことでした。弥生時代中期も末になると、多くの地域でリーダー一族の墓が共同墓地から離れ、独立して築かれ始めたことがわかってきました。そして弥生時代末期になると、リーダー一族の円形墓や方形墓の前面に、方形の祭壇が付設されるようになります。

こうなると墓は前方後円墳や前方後方墳にとても近い形になります。このようにしてユニークな形の墓、前方後円墳、前方後方墳が誕生したとわかってきました。ここで弥生時代中期、共同墓地から離れて独立して築かれ始めたリーダー一族の円形墓や方形墓、それに続く前方後円墳誕生直前の墓について見てゆきましょう。

北部九州の墳丘墓

リーダーの墓は、弥生時代中期末から独立し始め、終末期には共同墓地から隔絶した丘陵の高みに築かれるようになると先に書きましたが、北部九州ではもっと早く弥生時代前期に、リーダー一族が共同墓地から独立して葬られたことがわかってきました。これらの墳丘は方丘墓ですが、高くないので低墳丘墓とも呼びます。

佐賀県吉野ヶ里遺跡(中期前半)では、隅円長方形の大きな墳丘墓が見つかり、その墳丘中には数基の甕棺が埋められ、甕棺の中には青銅の短剣や装身具が副葬されていました。リーダー一族の墓と考えてよいでしょう。墳丘に葬られるのはもちろん一部の人たちで、一般農民の甕棺は地面に直接埋められます。

畿内の墳丘墓

畿内でもリーダー一族を葬った墳丘墓は方形です。畿内では、方丘墓が多数集合して、リーダー一族の墓域を形成しているのが普通です。弥生時代中期の大阪府の瓜生堂《うりゅうどう》遺跡でもリーダー一族の墓が多く築かれていますが、リーダーの方形墳丘墓の間にも規模の差が生まれています。大きい墳丘墓には多数の人が葬られます。瓜生堂遺跡の二号墓では、一八人もの人が葬られています。その内訳は、六人(成人男性三体、成人女性三体)が、それぞれ一体ずつ六基の木棺に入れられ、他に六人が木棺なしで土壙墓《どこうぼ》(土を掘りくぼめて直接遺体を埋める墓)に、六人が土器棺(遺体収納に転用された日常用の大形土器)で葬られていました。田代克己氏は、土器棺は嬰児、土壙墓は未成年者と推定しています。つまり同族を同一墳丘に合葬する墓制です。

大阪府加美《かみ》遺跡でも、弥生時代中期の大形墳丘墓が多く集合した墓域が見つかりました。その中の一つY二号墓は長辺二五メートル、高さ三メートルあり、そこに合計二三基の木棺が葬られましたが、中央には側板を二重にした木棺に、丁重に葬られた一人がいました。この墳丘では子供も木棺に納められていることが注目されます。埋葬状況から、Y二号墓に葬られた同族集団は、リーダーのなかでも社会的なステイタスが高いと永島暉臣慎《きみちか》氏は推定しています。

ステイタスの低いリーダー一族が、ステイタスの高いリーダーの盛り土周辺の地面に木棺や土壙墓で直接埋葬された例が、瓜生堂遺跡でも加美遺跡でもありました。弥生時代中期になると、このようにリーダー一族の墓にも格差が現れますが、これはリーダーが率いた集団の格差を示しています。近畿では弥生時代終末期になると、リーダー一族の墓として、方丘墓だけでなく円丘墓も出現してきます。

図１-19　四隅突出墓（鳥取県阿弥大寺１号墓）

南河内が方丘を継続する一方で、六甲南麓から、摂津、北河内、大和、和泉という西から東への流れで、方丘から円丘へと移行します（福永伸哉氏）。瀬戸内海沿岸の吉備から影響をうけたのでしょう。この頃吉備は、大きな勢力をもち、吉備の楯築《たてつき》墳丘墓は弥生時代では最大の墓で、その埋葬祭式に使用された土器の形と土器に施された文様は、高度に形式化されています。高度に形式化されたこの土器は、埴輪の起源となるものです（近藤義郎氏・春成秀爾氏）。この埋葬祭式は、卑弥呼の館と推定される奈良県纒向遺跡にも、卑弥呼の墓と推定される箸墓《はしはか》祭式にも、明確な影響を与えています。政治的な力が墓の伝統的な形にも影響を与えたのでしょう。

日本海沿岸の墳丘墓

日本海沿岸では、弥生時代後期のリーダーたちは、特色ある墳丘墓を発達させました。それは四《よ》隅《すみ》突出《とっしゅつ》墓《ぼ》です（図１－19）。方形の四隅に大きな突起があることから四隅突出墓と呼ばれる墓が、弥生時代後期に、西は島根県西部から東は富山県まで日本海沿岸に分布します。この四隅突出墓は一・五メートル程度の高さをもつ墓で、北部九州や畿内のリーダーの墓と同じくリーダーの同族墓です。この四隅の突起の起源については、いろいろな解釈があります。韓国の姜仁求氏は、朝鮮半島北部にこれと似た墳丘墓があるのでその影響だと主張しています。

四隅突出墓以前の弥生時代中期に、方形墳丘墓の周溝の四隅を掘り残して陸橋とした墓がありますが、この陸橋をもつ墓は、このユニークな形の四隅突出墓の突起の起源を考える上で参考になります。この陸橋部分にはしばしば壺や高坏《たかつき》など祭祀用の土器が置かれています。陸橋が複数ある場合には、複数の場所に祭祀用の土器が置かれます。四隅に陸橋をもつ墓は、弥生時代中期後半以後に東海や関東でも流行しますから、この陸橋の掘り残しは特別のことではなく、遺された人々が亡くなった人と食事を共にして、別れの儀式を執り行うといった、ごく自然に行う葬送儀式の場だったのでしょう。このように考えると、陸橋は墳丘と外界との架け橋であり、同時に死者との別れの場になっていたと私は思います。

図 1-20　京都府志高遺跡の貼り石墓

弥生時代中期の京都府の舞鶴市志高《しだか》遺跡の貼り石墓は、この

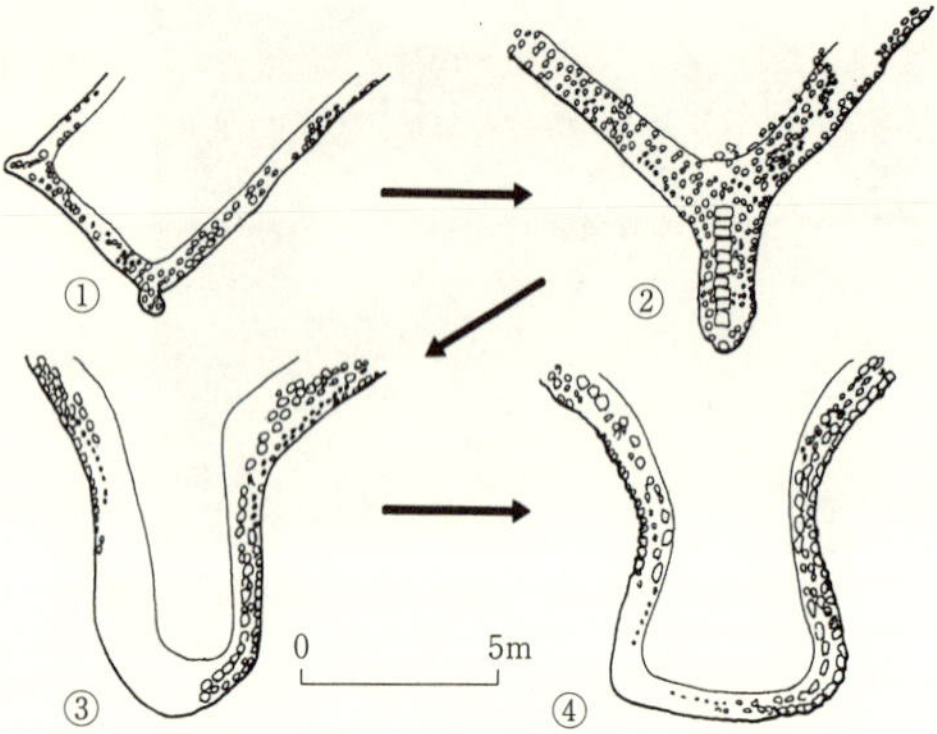

①広島県宗祐池墓(紀元前1世紀)，②鳥取県阿弥大寺墓(2世紀)，③島根県仲仙寺12号墓(2世紀)，④島根県宮山4号墓(3世紀)

図1-21　墳丘張り出し部の変遷

四隅の陸橋が退化して、小さな三角形になり、墓の四隅が少し突き出た角爪《かくだこ》のような形をした方丘墓です(図1－20)。このタイプは、初めは死者との別れの場であった陸橋が形骸化して、三角の小さな突出部になったのでしょう。やはり弥生時代中期の広島県三次《みよし》市の宗祐池《むねすけいけ》遺跡でも、三角形の極めて小さい突起をもっています。なかには京都府与謝野町大風呂南《おおぶろみなみ》遺跡のように、後期末まで続くものもあります。日本海沿岸でも弥生時代中期には、この三角形の突出部をもつ首長墓が見られますが、後期後半になると、島根県仲仙寺《ちゅうせんじ》一二号墓のように、この突出部が縦と横に広がり、かなり大きくなります。

このことから弥生時代中期後半に倭の各地で見られた、四隅に小さな三角形の突起をもつ古い形の四隅突出墓は、弥生時代後期には突起を発達させ、日本海沿岸だけで、特異な四隅突出墓として発達したのでしょう(図1－21)。

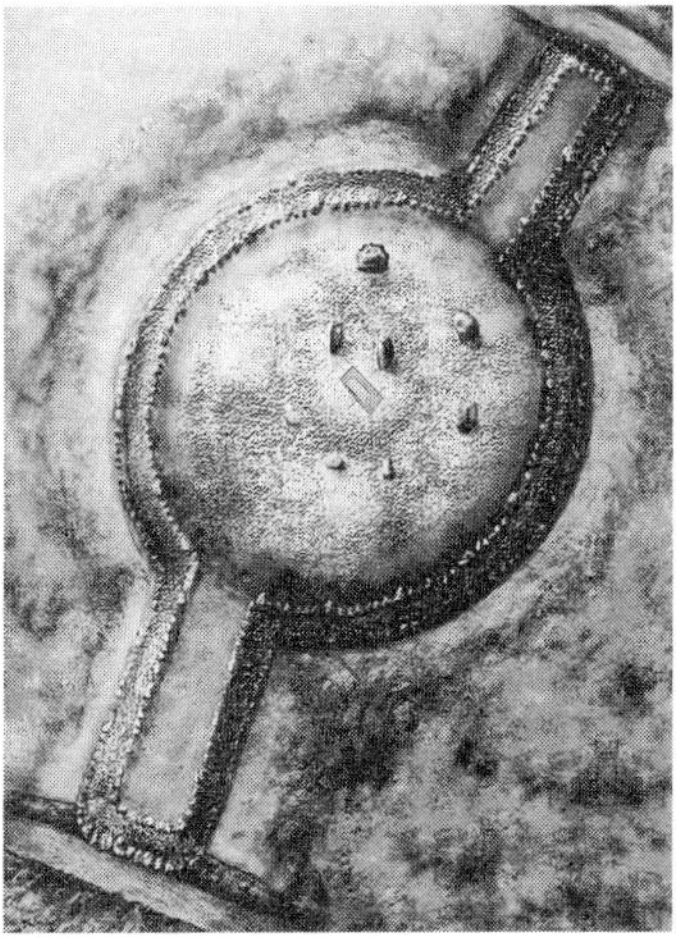

図1-22　岡山県楯築墳丘墓の想定復元図（宇野佐知子氏作）

図1-23　楯築墳丘墓主体部の木棺．一面に朱がまかれている

これら四隅突出墓の古いタイプの墓も、新しい四隅突出墓と同じくリーダーの同族墓で、宗祐池遺跡では数基の木棺が、仲仙寺一二号墓では二基の木棺が納められていました。

このような経緯からこの突起は、元は葬送祭祀で死者と最後の別れをする場所として、生まれたものと私は考えています。

瀬戸内海沿岸の墳丘墓

弥生時代前期の方丘墓は畿内を中心に普及しましたが、円丘墓は岡山県、兵庫県、香川県の瀬戸内海東部沿岸地域で発達しました。これは円形の墓の周囲に周溝をめぐらせたものです。兵庫県でよく知られている円丘墓として、弥生時代中期後半の川島《かわしま》遺跡と後期の七日《なぬか》市《いち》遺跡があります。

図1-24　兵庫県有年原田中遺跡の墳丘墓．墳頂に置かれた土器

弥生時代後期末の三世紀に入ると、瀬戸内海沿岸の円丘墓は大型化します。たとえば岡山県楯築遺跡では直径四三メートル、高さ五メートルの円丘の両側に突起をもつ墓が発掘されました。突起部まであわせると全長約八〇メートルにもなります（図1－22）。楯築墓は弥生時代で最大の墓ですが、共同墓地から隔絶して丘陵の上に単独で築かれているだけでなく、その大きさや祭式には注目すべき変化が生じています。

楯築墳丘墓では墓の斜面に石を貼り付け、祭祀用に特別につくった壺と器台の大型土器を墓の上と斜面にぎっしりと並べました。墓の中央には木槨《もっかく》（棺を納めるための木製の小さな部屋）のなかに納められた木棺があり、木棺の底一面には大量の朱《しゅ》がまかれ、棺の内部に鉄の短剣と装身具が副葬されていました（図1－23）。斜面に貼り付けられた石や、祭祀用の壺と器台、木槨に納められた木棺、大量の朱、棺の内部の副葬品、円丘から伸びた突起などは、前方後円墳との強いつながりを感じます。

楯築墳丘墓とほぼ同時期の墓が、兵庫県赤穂《あこう》市の有年《うね》原田《はらた》中《なか》遺跡で見つかっています。これは楯築墓より少し小さい墓ですが、二方向の突起が明瞭にわかる重要な資料です(図1－24)。この突起の形が四隅突出墓の発達した突起とよく似ていることは、この有年原田中遺跡の二つの突起の起源を考える上で興味深いことです。いずれの場合も、この突出部は、死者との別れをするための場所として始まり、やがて死者を祭る祭壇としての役割に変わり、祭壇が次第に広くなっていったのでしょう。

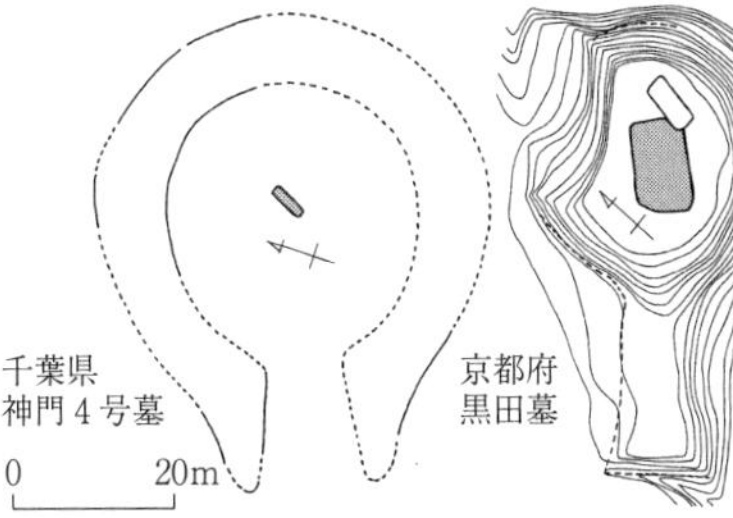

図1-25　前方後円墳の原形

香川県高松市の林《はやし》・坊城《ぼうじろ》遺跡では、弥生時代後期前半の円丘墓の周溝の二カ所を掘り残して陸橋にしたものがあります。このことから楯築墳丘墓や有年原田中遺跡の墳丘墓の二つの突起も、四隅突出墓と同じように、円丘墓の周溝の陸橋から変化して生まれたと私は考えています。

前方後円墳と前方後方墳の原形の登場

楯築墳丘墓より少し下って三世紀の初め、土器の様式でいうと庄内式にあたる弥生時代終末期になると、円丘に一つだけ突起のつく型式の墓が現れます。岡山県宮山《みややま》墓、徳島県萩原《はぎわら》墓、京都府黒田墓、千葉県神門《ごうど》墓(三号、四号)では直径二〇～三〇メートル

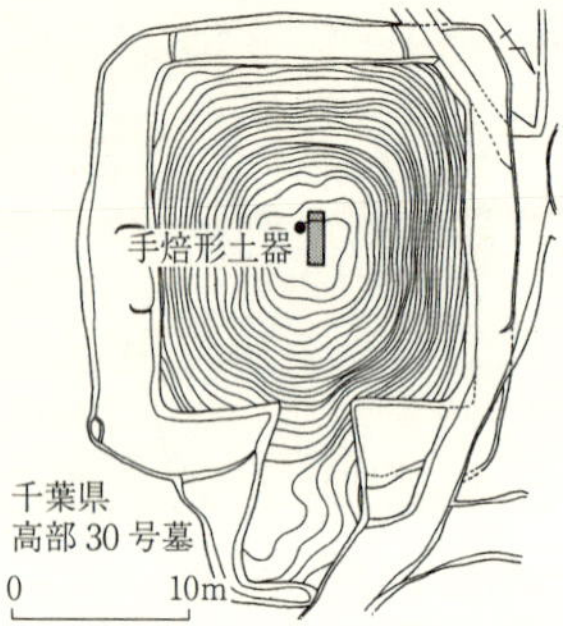

図 1-26　前方後方墳の原形

の円丘に一つの小さな突起がつき、形が前方後円墳に限りなく近づいています(図1-25)。前方後円墳の原形です。これらの墓では円丘の中央に石室や木棺が納められ、鉄剣や鉄鏃、ときに銅鏡が副葬されています。

これらの墓の突起には長い型式と短い型式とがありますが、寺沢薫氏は短い型式を、奈良県纒向遺跡の墳丘墓の影響が各地に及んだものと考え、「纒向型前方後円墳」と呼んでいます。この原形が現れる弥生時代終末期は、大和の勢力が格段に大きくなり、大きな影響力をもつことから、西日本から東日本まで広く分布するこの原形の発祥の地は、大和であった可能性は高いでしょう。同時に、京都府黒田墓に見られる突起の長い型式も広く普及していることから、長い型式のものも大和ですでに成立していたと考えていいと思います。

前方後円墳の原形が登場する頃、方形の墓にも変化がありました。弥生時代後期後半に奈良県黒石《くろいし》遺跡や大阪府久宝寺《きゅうほうじ》遺跡で、方丘墓の一辺だけに突起のつく墓が登場しています。さらに下って、弥生時代終末期になると、東海地方にも流行しました。この墳形は前方後方墳の原形と考えられますが、愛知県の廻間《はざま》墓はその一例としてよく知られています。前方後方墳の原形はもっと東の関東にも広がっています。千葉県高部墓《たかべ》(三〇号、三二号)は前方後方墳の原形ですが、前方後方墳と同様、副葬品の銅鏡は前方部にあたる方丘部に埋められていました(図1−26)。また兵庫県養久山《やくやま》五号墓は二方向に突起をもつ方丘墓です。

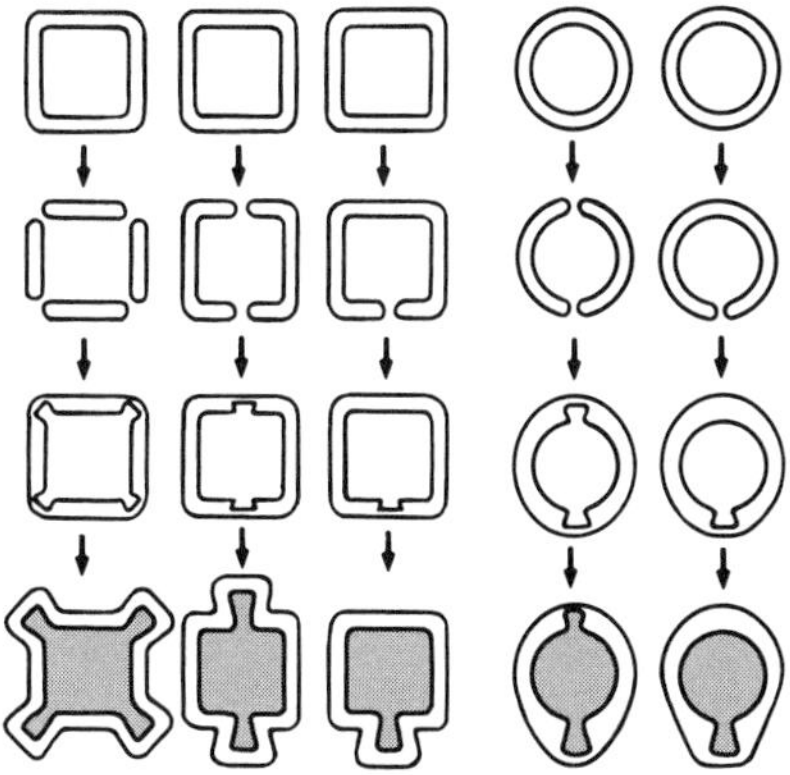

図1−27　弥生時代の墳丘墓の変遷

円丘墓系と方丘墓系のせめぎ合い

このように、二世紀後半の弥生時代後期後半以降には、祭壇用の突起をもつ円丘系と方丘系の何種類もの墓が倭の社会で共存していたのです(図1−27)。墓形と突起の数の違いが明瞭となるような用語をつけてみましょう。瀬戸内海沿岸には前方後円墳原形があります。日本海沿岸には四隅突出墓原形、畿内には前方後円墳原形と前方後方墳原形、東海と関東には前方後方墳原形があります。

墳墓は祖先祭祀のためのものであり、墓の形や埋葬施設の型式には集団の伝統が保守的に維持されやすいのです。ですから墓の形や埋葬施設の型式は、その集団が祖先とのつながりを確認するシンボルとなり、また同じ墓形をもつ集団との連帯のシンボルとなったと思います。こう考えると、北部九州、瀬戸内海東部沿岸、出雲から北陸、畿内、日本海沿岸、東海、関東の各ブロックの内部では、ゆるやかな同盟関係が形成されつつあったと見てよいでしょう。墓形の共通性からわかるこのブロックは、先に述べた祭器の共通性や、佐原氏の指摘する石鏃の特徴に示された勢力範囲との深い関係が窺われます。

それにしても、前方後方墳原形(例えば木更津市高部墓)が多数を占める千葉県に、前方後円墳原形(市原市神門墓)が、三世紀前半という同時期に共存しているのは興味深いことです。後方墳原形が優勢なこの地千葉県にも、西日本の首長と友好関係を結ぶ首長がいたことを示しています。赤塚次郎氏は、後方墳原形が狗奴国であったとされる東海で盛行することは、東海地域が狗奴国の勢力圏であったことを示すと考えています。後方墳の源流は畿内にもあるので狗奴国のみのシンボルとは言えませんが、他の状況も合わせて考えると、狗奴国の首長たちが後方墳原形を採用して結束を固めたことは確かでしょう。

前方後円墳原形が邪馬台国に結集する首長たちの墓の形のシンボルであったとすれば、千葉県の後円墳原形と後方墳原形との共存は、三世紀前半に南関東地方の首長たちに対して、邪馬台国と狗奴国の両者の友好の誘いかけがすでに進行していたことを示します。

第二章　卑弥呼とその時代

1　邪馬台国の登場

大人・下戸・生口

第一章で見たように弥生時代、各地のリーダーは、水や土地をめぐる地域間の戦いを通して、小さな権力構造から大きな権力構造へと次第に組み込まれていき、ついに西日本を統括する権力が誕生しました。西日本を統括した国の名は邪馬台国で、その王が卑弥呼です。

「魏志倭人伝」では、邪馬台国の位置の記述が正確でないため、邪馬台国がどこにあるかがはっきりしません。そのため、その所在をめぐる論争は活発ですが、この社会がどのような特徴をもっていたかの議論は、所在論争と比べて低調です。邪馬台国の社会の特色を深く研究すれば、その位置もおのずと決まってくるだろうと私は考えています。

卑弥呼の下で西日本を統括する邪馬台国は、弥生時代の末に生まれました。「魏志倭人伝」には、邪馬台国の社会の特色や政治の仕組みについても書かれていますから、それを引用しながら邪馬台国について考えることにしましょう。

「身分の上下によっておのおの差別・順序があり」「下戸が大人と道路でたがいに逢うと、ためらって草に入り」。これらの文章から、この社会に階層関係のあったことがわかります。大人は「魏志倭人伝」にある小さな「国」、あるいはさらに小さな村のリーダーにあたる人でしょうか。

「法を犯すと、軽い者はその妻子を没収し、重い者はその一家および宗族を滅ぼす」の記述から、守るべき法が敷かれていたこと、法を破ると差別される環境に落されることがわかります。「汝献ずる所の男生口四人・女生口六人・班布二匹二丈を奉じ」などの記述から、邪馬台国には商品のように扱われる生口という非自由民がおり、階層差と身分制のあったことがわかります。

邪馬台国誕生から五〇〇年後の古代律令制国家が編集した『日本書紀』には、罪を犯した者やその肉親、戦争の捕虜を、奴婢《ぬひ》などの非自由民にする記述があります。「魏志倭人伝」に「生口」の記述があるので、すでに邪馬台国の頃からこのような奴隷的身分の人がいたことがわかります。

租税と役人

「魏志倭人伝」には「租賦を収める邸閣があり、国々に市がある。貿易を行い、大倭にこれを監督させる」という記述もあります。この記述から、租税制度がすでに敷かれていたこと、物資流通を円滑にするマーケットがあり、この流通を取り仕切る機関のあったことがわかります。

東洋史学の日野開三郎氏によると、『三国志』に記述された「邸閣」は、軍用倉庫を意味するそうです。邸閣はもともと米蔵を意味しますから、本書の冒頭、吉野ヶ里遺跡のところで少しふれたように、軍用の米蔵になるでしょう。兵糧を収納した高床倉庫が林立している情景が浮かんできます。

「女王国から北には、とくに一大率《いちだいそつ》をおき、諸国を検察させる。諸国はこれを畏《おそ》れ憚《はば》かる」「国中に刺史《しし》(地方検察官)のようなものがある」という記述からは、地方には特別の監督官がいたことが窺えます。一大率とは奈良時代の大宰府や多賀城のような、中央から役人が派遣された機関でしょう。このほか、伊都国や奴国などの諸国には「(大)官と副官」という二人の統率者のいたことが記されています。

女王と摂政と外交官

卑弥呼が居住した宮室についての「魏志倭人伝」の記述を見ましょう。「(卑弥呼は)年はすでに長大だが、夫婿はなく、男弟がおり、(女王を)佐《たす》けて国を治めている。王となってから、朝見するものは少なく、婢千人をみずから侍《はべ》らせる。ただ男子一人がいて、飲食を給し、辞を伝え、居処に出入りする」。

卑弥呼は「鬼道」を使うシャーマン的な能力をもつ人ですが、卑弥呼の力を借りながら現実の政治権力を行使する男弟がいたのです。卑弥呼に政治の動きを伝え、卑弥呼の託宣を受けて政治を取り仕切った摂政《せっしょう》と考えていいでしょう。推古天皇と摂政の聖徳太子の関係に似ているかもしれません。

「帯方の大守の劉夏が、使を遣わし、あなたの大夫難升米《なしめ》、次使都市牛利《としごり》を（魏に）送り」とあるように、卑弥呼は帯方大守を通して魏と交流し、魏の王朝に全権大使として、難升米という名前の「大夫」や、派遣団の副官である「次使」を派遣しました。文中の「都市牛利」は、長く次使の個人的な名前と考えられてきましたが、西村敬三氏や吉田孝氏は、「都市」を市の流通を司る役人名と解釈しました。そう考えてよければ、魏王朝との外交にあたって全権大使の外務大臣のほかに通産大臣にあたる人物をも派遣していたことになります。

「宮室・楼観・城柵をおごそかに設け、いつも人がおり、兵器を持って守衛する」。宮室は卑弥呼が住んで政務を執る宮殿で、楼観は宮殿の周りの見張り用の望楼でしょう。その周りには防御のための柵列がめぐらされており、卑弥呼を守る兵士が兵器を身につけて終日常駐していたのでしょう。

邪馬台国九州説

邪馬台国問題で関心がもっとも集中するのは、その場所はどこかという問題です。大和説の新井白石や九州説の本居宣長《もとおりのりなが》など、江戸時代の学者がすでに「魏志倭人伝」を考証してさまざまの説を唱えています。

書店の店頭には、この所在に関する新しい本が次々と並びます。その所在には諸説あるのですが、有力な説は北部九州説と大和説（畿内説）です。「魏志倭人伝」に登場する伊都国や奴国の国名が、福岡県の現在の地名に残っていること、後漢が奴国に与えた「漢委（倭）奴国王」金印が福岡県志賀島で発見されたこと、北部九州は弥生時代に栄えた場所であることなどは、九州説におおいに期待を抱かせます。

図２−１に示すように、朝鮮半島の帯方郡から伊都国に到着するまでは、「魏志倭人伝」の文と実際の地理がだいたい一致しますが、それ以後が問題なのです。邪馬台国に行くには、このあと奴国、不弥《ふみ》国を通過して南に向かうと「魏志倭人伝」は書きます。このままでは大和説の成立する余地はまったくなく、九州説になります。

つまり不弥国から次の南の投馬《とうま》国までは「水行二十日」、邪馬台国はさらに南へ「水行十日、陸行一月」とあります。水行とは船、陸行は徒歩のことでしょう。これだけ南に行けば、フィリピンあたりの太平洋上の島に着いてしまいます。したがって、九州説をとる人は、ここに書かれた距離が誤りあるいは誇張と考えました。

また放射式読み方という学説も出ました。伊都国以後に記述される国は、すべて伊都国を起点として、距離と方向が示されているという、九州説をとる榎一雄氏の主張です。しかしこの学説でも、邪馬台国の位置は、伊都国から南へ「水行十日、陸行一月」も離れていて、やはり北部九州のなかに収まりきらないのです。

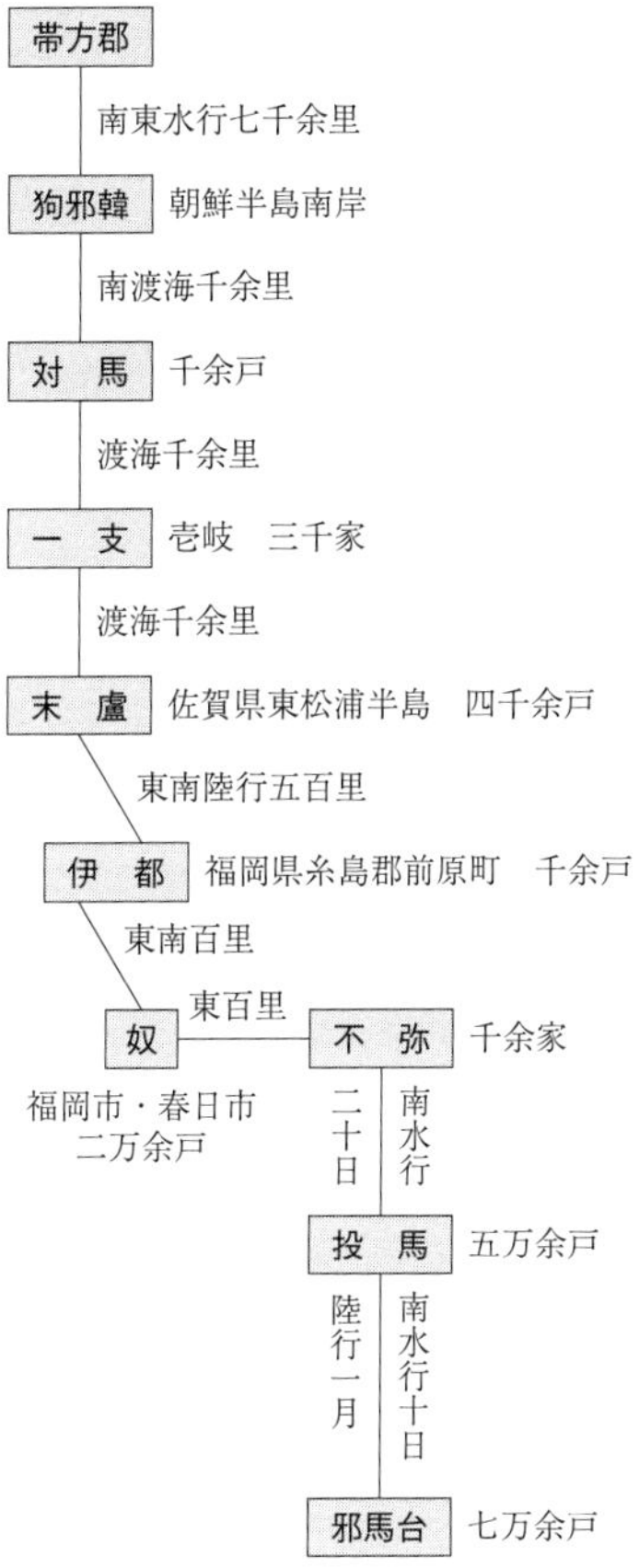

図 2-1　邪馬台国の里程図（連続式読み方）

邪馬台国大和説

大和は三世紀前半から政治の中心地であることが確かで、最古級の巨大な前方後円墳が多くある場所ですから、ここも有力候補となります。

しかし、伊都国から南に進む限り、大和説の成立する余地はありません。そこで、「魏志倭人伝」の方位の記述に問題があるとする考えが出ました。南は東と読むべきだというのです。一五世紀の明の時代から保存されている「混一疆理歴代国都之図《こんいつきょうりれきだいこくとのず》」という地図が中国にあります。これは一五世紀の朝鮮で作成されたものですが、この地図では、日本列島は九州を北に青森県を南に描き、実際の列島と九〇度程度のずれがあります。しかも位置そのものが実際よりもかなり南に描かれています(図2-2)。このような地理観が古代から長く中国や朝鮮半島にあったことを室賀信夫氏は指摘しました。

中国の地理観が正確でないとすれば、伊都国から南ではなく、方角を反時計回りに九〇度回転させて東に向かい、「水行二十日」で投馬国へ、さらに「水行十日、陸行一月」行けば、邪馬台国の位置は大和になるというのが大和説の解釈です。私はこの大和説の考え方に賛成で、この読み方を基礎にする限り、大和説に分があると考えています。南を東と読み替えた場合は、邪馬台国が大和の地でよいとしても、邪馬台国の「戸数七万余戸」に次ぐ「五万余戸」を誇る投馬国の位置については二つの解釈が可能です。瀬戸内航路をとれば、投馬国は岡山県付近、日本海航路をとれば島根県付近となります。また、邪馬台国と戦ったという狗奴国は、その東の東海地域の勢力になるわけですから、実際の地理にうまく当てはまります。

また「魏志倭人伝」のなかに、邪馬台国の位置について「その道里を計ってみると、ちょうど会稽《かいけい》の東治《とうや》の東にあたる」という記述があります。会稽の東治というのは今の中国福建省にあたりますから、そこから東方をさせば、沖縄諸島に行き着くことになります。

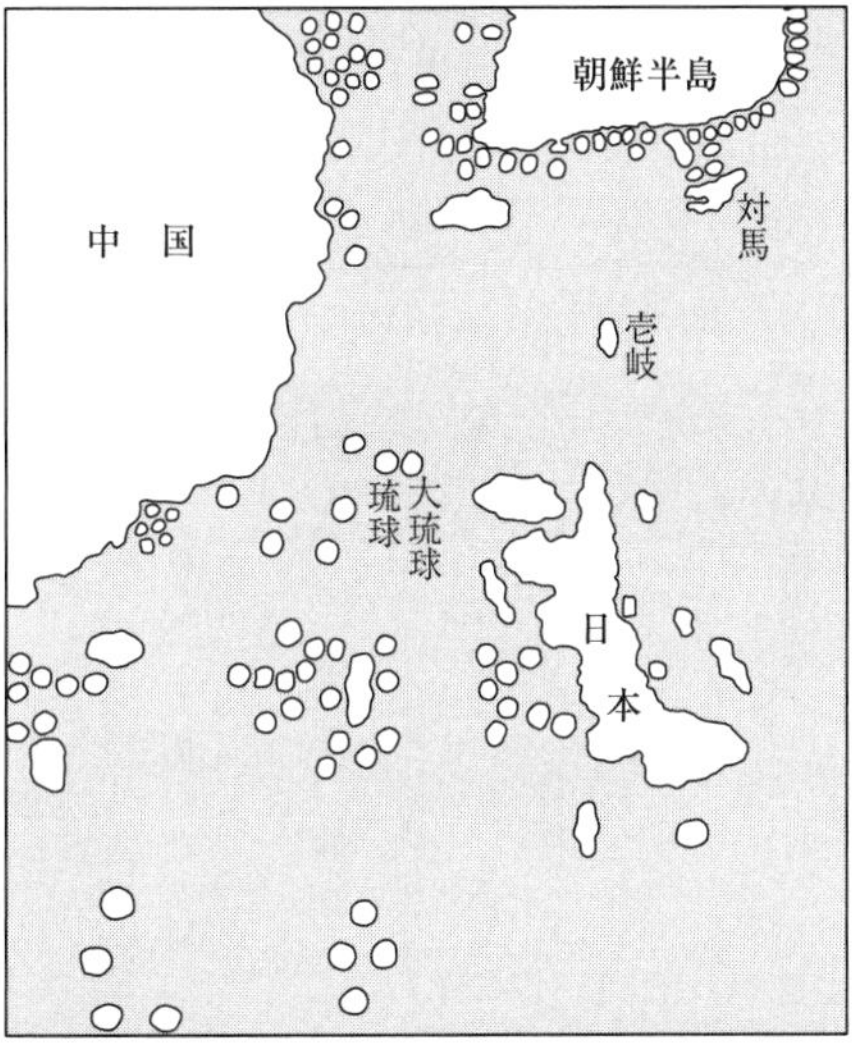

図2–2 「混一疆理歴代国都之図」に見る日本列島の位置

このように邪馬台国の所在地についての記述自身が矛盾を含み、後世の人を惑わす罪つくりのタネとなったのですが、そのおかげで活発な論争が起こり、論争の副産物として、古代史料を批判的に読解する研究が進みました。

しかし、「魏志倭人伝」や『古事記』『日本書紀』などの文献史料のみでは邪馬台国の研究に限界があります。

日々新しい発見があり、かつ歴史を復原する力を蓄えつつある考古学は、この邪馬台国の場所についても何らかの提言ができると思います。そして今、一番注目を集めているのは、卑弥呼の館ではないかと期待される、大和の地で見つかった大型建物の跡、纒向遺跡であることはいうまでもありません。

吉村武彦氏は、「記紀」が、崇神《すじん》(四世紀)を「「初代の天皇」という呼び方をしている」のに注目し、初代のヤマト王権の王は崇神天皇である、としています。王権を論ずるには、まず王宮の場所が示されなければならないが、古墳の立地から王宮の場所を見出す根拠が示されていないから、「古墳の立地からヤマト王権を論じることは不可能」だと吉村氏は主張します。纒向遺跡は卑弥呼の王宮の可能性が高いと言われ、今、その探求がされています。このように王宮の場所が発掘で見つかる場合もありますが、古墳の立地と王宮の立地との関係の根拠を示すのは現段階では確かに困難です。たとえば発掘された弥生時代の奴国の墓や、有力首長の墓の立地から、それぞれの政治センターの立地は確定できていませんが、しかし考古学者は墓の状況から、考古学の方法で、「国」や有力首長について、その誕生や性格を明らかにしています。考古学者は考古学の方法で王権について提言できます。

石川日出志氏は、「考古学的な方法によるかぎり、弥生時代から古墳時代への推移のなかで、定型的前方後円墳の成立期こそがもっとも明確な転換期と認識できる」とした上で、「文献史料の検討を主とする歴史学と、遺跡・遺構・遺物の検討にもとづく考古学が、現時点で同一の解釈にあるよりも、異なる見解をもちながら議論をたたかわすことがむしろ今後を発展に導くと考えている」としています。

2　前方後円墳体制の成立

卑弥呼の墓

邪馬台国の王、卑弥呼が没した時、残された権力集団は巨大な墓、前方後円墳を築きました。「魏志倭人伝」は卑弥呼の墓を、「径百余歩」と記しています。この大和の地には、弥生時代から続く伝統的な墓形、前方後円墳原形がありましたから、卑弥呼の墓が前方後円墳になるのは当然の成り行きでした。しかし卑弥呼の墓は、前方後円墳原形よりはるかに大きなもので、前方後円墳原形とは質の違うものです。三世紀前半のことです。

古墳は、出現した時から巨大な墳丘をもっています。たとえば古墳発生直後の前方後円墳、箸墓《はしはか》古墳（奈良県桜井市にあり、最も古いとされる古墳の一つ。全長二八〇メートルで、卑弥呼の墓の最有力候補とされています。図2－3）は、弥生時代最大の規模を誇る岡山県楯築墳丘墓と比べても一〇〇倍もの体積をもっています。この事実は、邪馬台国が、そしてそれに続く古墳時代が、

図2-3　箸墓古墳

弥生時代とは異なる社会体制であったことを示しています。支配者集団は巨大な古墳を築いて自分たちの力を誇示し、権力の維持をはかる必要があったのです。奈良のこの地に古墳が出現する五〇年位前から、この大和の地を中心にして漢の鏡や鉄の出土数が次第に増加しており、古墳出現期に多くの巨大古墳が築かれた奈良地方に、絶大な力をもって日本列島のほぼ全域を支配する大和政権が生まれたと推定できます。

こうして始まった古墳時代は、六世紀末まで続きます。

前方後円墳と前方後方墳

前方後円墳が成立したとき、前方後方墳も同時に出現します（以下、両者を対比的に書くときは後円墳と後方墳と記述します）。しかし注目すべきことは、初期の後方墳、京都府元稲荷《もといなり》古墳が全長九二メートルであるのに対して、初期の後円墳、箸墓古墳は二八〇メートルと格段に大きく、出現の時点ですでに前方後円墳が優位に立っていることです。

しかし、古墳時代の後円墳と後方墳は、共通の尺度を使用しています。その上大小の規模の違いや、後円と後方という形態の違いはあっても、同類の古墳であれば、基本的な寸法の割合がほぼ同じに設計されていることがわかっています（岸本直文氏）。

ここで設計というのは、後円部の直径、前方部の長さ、前方部の広がりや高さなどの相互関係を数値で表したもので、古墳の設計に深い関わりがあるものです。このことは重要です。つまり後円墳原形と後方墳原形の時は、両者は互角にせめぎあう関係にあって、設計の共通性は見られないのに対し、古墳時代直前から設計の共通性が生まれるのです。後円墳が規模で後方墳をしのいでいることから、後円墳が古墳の尺度や設計でも、後方墳を自分の流儀に従わせる関係になったと考えます。このように両者の関係には大きな変化が生まれているのです。

東海地方で後方墳原形が盛行すること、またそれが狗奴国のシンボルであった可能性があると、先に書きました。「魏志倭人伝」は、「倭の女王卑弥呼は、狗奴国の男王卑弥弓呼《ひみここ》ともとから不和である。（中略）たがいに攻撃」している、と書きます。そしてこの戦闘を正始八年（二四七年）のことと伝えます。まさに卑弥呼が死んだと推定される年の前年です。「魏志倭人伝」は両者の争いの結末については書いていません。しかしその後、大和の卑弥呼と争った東海地方でも後円墳が出現することや、後円墳が規模の点で後方墳を凌駕《りょうが》すること、また後方墳が後円墳と同じ尺度と設計で築造されたことを重視すると、争いは両者の和解か邪馬台国優位のもとに収束したものと考えられます。

こうして前方後円墳優位の体制ではあるが、地方有力首長の前方後方墳をも包括しながら構築された政治体制を、私は前方後円墳体制と呼んでいます。地方有力首長の前方後方墳を包括することは、地方有力首長の伝統を尊重することであり、それは地方有力首長の支えのもとに中央政権が誕生したことを物語っています。

墳丘と規模とによる身分表示

邪馬台国では「身分の上下」があると「魏志倭人伝」は伝えます。古墳時代になるとこの身分はどうなったのでしょうか。地方の有力首長は、頂点に立つ中央政権の下で、権力構造に組み込まれました。権力構造に組み込まれるということは、権力構造のなかで身分が定まるということです。ではその定まった身分はどのように表現されたのでしょうか。

それは古墳の形で表現されたのです。古墳時代を通じて墳形には前方後円墳、前方後方墳、円墳、方墳の四つの基本形があります。それぞれの墳形の最大のものを比べると、図2－4に示すように左のものほど優位に立っています。しかし、同じ墳形にも規模の差があります。したがって、被葬者の身分は墳形と規模との二重の基準で表現されたと考えます。これは、江戸時代の大名が徳川家との親密度を基準に親藩《しんぱん》、譜代《ふだい》、外様《とざま》と格付けされ、かつ実力は石高《こくだか》で表示されたこと、外様のなかにも伊達《だて》氏や前田氏のように大きな石高をもった大名がいることと似ています。

ところで古墳時代の身分秩序は、奈良時代の律令国家の身分秩序と同じなのでしょうか。同じではないでしょう。律令国家の身分秩序は、上から一方的に任命する関係でした。これに対して古墳時代の身分秩序の決定は、中央政府の関与も当然ありますが、実質的には、実力のある首長どうしがお互いに身分を相互承認し合う関係ではないかと考えています。少なくとも前方後方墳が存続する四世紀末まではそうだと思います。上からの一方的な任命ができるほど強力な中央政権ならば、有力首長墓の形は、中国の殷や周のように、王墓が縮小された形に統一され、日本ではすべて前方後円墳の縮小形になるでしょう。あるいは王だけが特別な形（四角錐）の墓をもったエジプト王朝のように、中央

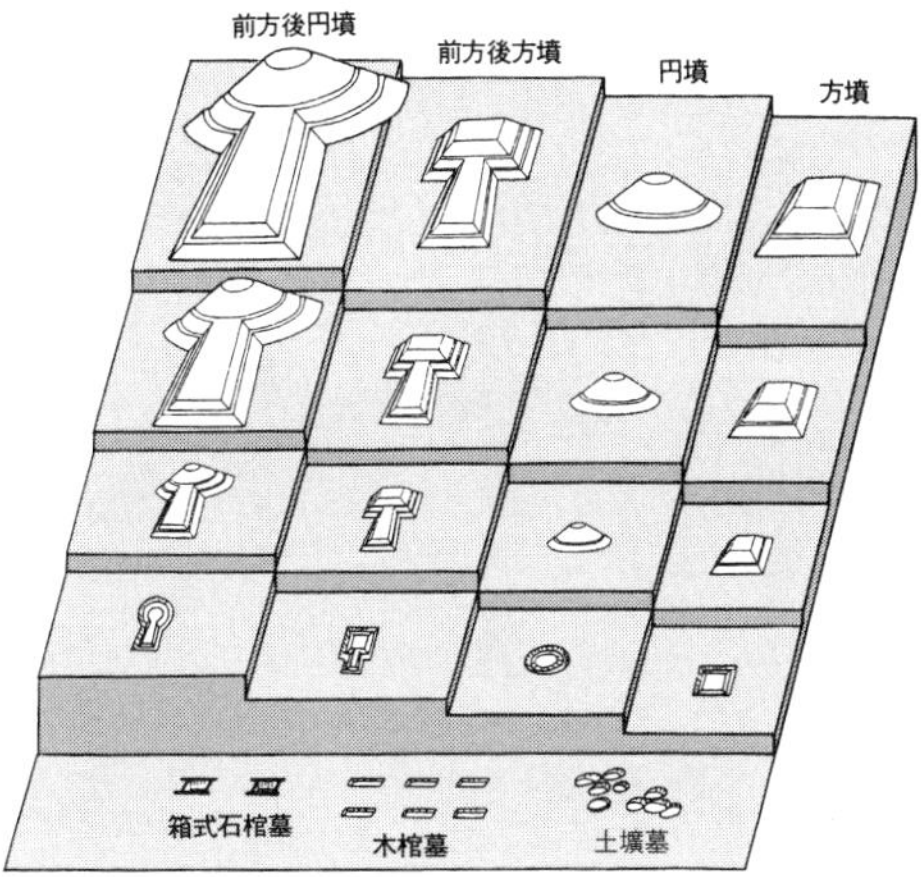

図 2-4　古墳の階層性

政権を担った王だけが前方後円墳を築いたでしょう。日本の古墳は、有力首長が前方後円墳以外の墓を築いただけでなく、有力首長たちは、王墓の規模に近い巨大な墓を数多く築きました。

身分をお互いに相互承認する関係は、現代社会ならG20の会議で、発展途上国も先進国も対等に話し合い、貿易摩擦の緩和条件を検討するとか、議長国を決めるような関係に近いと思います。

3 三角縁神獣鏡の謎

鏡と古墳築造年

前方後円墳が出現したのは三世紀末と、最近まで考えられていました。これは古墳研究に大きな影響を与えた小林行雄氏の説です。卑弥呼の使者が持ち帰ったと思われる古い三角縁神獣鏡(鏡の縁の断面が山のように三角になっていることが特徴)が、三世紀末の椿井《つばい》大塚山《おおつかやま》古墳に大量に副葬されていたのが、その論拠の一つになっています(図2-5)。また小林氏が研究していた一九六〇年頃は、椿井大塚山古墳より古い古墳がまだ発見されていなかったことも理由の一つです。

白石太一郎氏は、弥生時代の終わりを三世紀中頃に繰り上げるという最近の研究を根拠にして、前方後円墳の成立年代を小林説より少し古く、三世紀中頃から後半と考えました。また古い一、二段階の鏡（中国製も日本製も含めて三角縁神獣鏡は、古い物から順番に四段階に分けられています）が日本の最も古い型式の古墳にしばしば副葬されていることから、持ち帰った鏡は比較的早く墓に副葬されたと考えました。そして、使者が三世紀半ばまでに持ち帰ったとされる、古い一、二段階の魏の三角縁神獣鏡を多く副葬し、しかも型式が古い古墳が卑弥呼の墓であると推定し、それが最古の前方後円墳になったと白石氏は考えました。

図 2-5　椿井大塚山古墳出土の三角縁神獣鏡

弥生時代が三世紀中頃に終わるということから、白石氏は一段階の鏡を二四〇年頃製造、二段階を二五〇年頃製造とするのが妥当として、副葬の鏡が一、二段階だけの古墳であれば、その古墳の築造は、弥生時代終末期の三世紀中頃から後半になると判断したのです。

ですから、もし弥生時代の時代区分で、弥生時代終末が三世紀前半ということになれば、卑弥呼の墓も、弥生時代終末期である三世紀前半から中頃に築かれたことになります。

この条件に当てはまる墓はどの墓でしょうか。箸墓は、その非常に古い形態から見ても、その巨大な規模から見ても、また墓周辺から出土する特殊器台の示す三世紀前半という年代から見ても、この条件に当てはまる前方後円墳です。

今では白石氏を始め多くの研究者が、形態や規模等から箸墓を最古の古墳と推定していますが、箸墓は陵墓に指定されており、発掘が許可されないので、副葬された鏡の年代は不明で、前方後円墳の成立時期については決定的な解決はついていません。

鏡は伝世されることがあるので、記銘された鏡の製造年をもって古墳築造の年とすることはできません。しかし古墳築造年の上限の決定には使えます。つまりその古墳は鏡の製作年より前には築かれていないということです。古墳の形態によって古墳築造の相対年代つまり築造順がわかるので、研究者は鏡や他の副葬品の製作年代を参考にして、古墳のおよその実年代を決めています。

より古い古墳の発見

またここ十数年ほどの間に椿井大塚山古墳より古い古墳が見つかりました。兵庫県権現山《ごんげんやま》五一号墳と同県の西求女塚《にしもとめづか》古墳です。この両古墳に副葬された三角縁神獣鏡はすべて、二段階までの古い型式の鏡ばかりです。また過去に調査された岡山県車塚《くるまづか》古墳では、一、二、三段階、兵庫県吉島《よしま》古墳では、一、二段階の古い型式の鏡だけが副葬されていました。椿井大塚山古墳の鏡より古い鏡の出土したこれらの古墳は、形態でも椿井大塚山古墳より古い型式を示しています。

京都府椿井大塚山古墳は、古い型式の前方後円墳には分類されますが、出土した三二面の三角縁神獣鏡には一、二、三、四段階の鏡が含まれています。つまり卑弥呼の使者が三世紀中頃までに持ち帰った古い型式の三角縁神獣鏡の他に、それより三〇年ほど新しい三、四段階の三角縁神獣鏡も含まれているということです。

当時古墳の築造順を、副葬された鏡の製作年代で探ろうとしていた私は、鏡の製作年代に注目していました。そして椿井大塚山古墳の鏡に新しい鏡も含まれていることに気づき、椿井大塚山古墳が最古の古墳には該当しないと結論したのです。ですから今では椿井大塚山古墳を最も古い古墳と考えることはできません。

卑弥呼の墓を明らかにするためにも、最古の古墳を明らかにするためにも、鏡についての詳細な情報がいよいよ重要になってきました。鏡の研究は、考古学の世界では多くの研究者によって絶え間なく続けられてきましたが、この三〇年ほどで飛躍的に進みました。いくつか紹介しておきましょう。

製作地論争

福永伸哉氏は、三角縁神獣鏡が威信財(威光と信望を表わすもの)として古墳時代の社会秩序の形成と維持に大きな役割を果たしたことを明らかにし、三角縁神獣鏡の配布のされ方等から政治の動向や地域権力の関係に迫っています。

三角縁神獣鏡は、中国の魏で作られたことを前提として、中国でも日本でも今まで研究されてきました。中国の地名「徐州」の銅を用いて「洛陽」の工人が製作したと読める文字や、「景初三年」「正始元年」といった魏の年号が鏡の銘文にあったからです。

しかし森浩一氏は一九六二年、三角縁神獣鏡は渡来した中国の工人によって日本で作られたのだと主張しました。三角縁神獣鏡が中国で一枚も出土していないからです。三角縁神獣鏡が中国で一枚も出土しないことは日本でも大きな疑問になっていました。ところが一九八一年、中国の著名な研究者王仲殊《おうちゅうしゅ》氏が、三角縁神獣鏡は呉の工人陳是が故郷から亡命のために出国し洛東の地域に至り、日本に渡来して日本で製作した鏡であると発表してから、三角縁神獣鏡の製作地は大きな関心を呼ぶことになりました。王氏によると神獣鏡は南の長江流域で作られる鏡だから、北の魏ではなく南の呉で作られたはずだが、三角縁神獣鏡はその南の神獣鏡とも少し違うから、呉の工人が日本に来て製作したものだという。王氏の主張する論拠はこれだけではありませんがこのように主張しました。

そしてこの論争の結果によっては、日本における古代国家形成過程の長い研究の蓄積が揺らぐ恐れが出てきました。

福永氏は、鏡背面にある紐を通す孔（鈕孔《ちゅうこう》）の形態や、製作上の細かい手法の違いに初めて着目し、その特色のある孔と、特色のある製作手法から、その鏡を製作した中国の製作集団を突き止めました（図2－6）。そして三角縁神獣鏡が、魏晋代の中国華北地域の工人によって魏と晋の国で、一定の期間だけ製作されたことを明らかにしました。

一九五一年、小林行雄氏は三角縁神獣鏡を、魏王朝が邪馬台国との正式交渉のなかでのみ与えた「特鋳鏡」であると推定しましたが、福永氏は特色ある孔の形状から製作集団を特定することで、三角縁神獣鏡を魏と晋の王朝が邪馬台国に与えた特鋳鏡であることを決定づけ、小林氏の推論にも理論的な根拠を与えました。そして「特鋳鏡」の製作年代を、卑弥呼が中国の魏に初めて使いを送った西暦二三九年から二八〇年代までとし、また倣製鏡（中国の鏡を真似て日本で製作した鏡）は、西晋の滅亡によって鏡が入手できなくなったために、日本で作り始めたという新たな解釈をして、倣製鏡の製作年代を四世紀第一四半

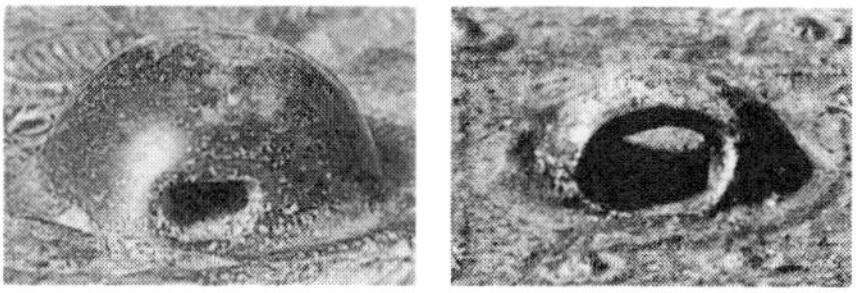

図2–6　三角縁神獣鏡（左：雪野山古墳出土）の鈕孔は四角形，方格規矩鳥文鏡など（右：馬山四号墳出土）の孔は円形

期(三〇〇～三二五年)から七〇～八〇年間に限定されると結論づけました。

近藤喬一氏は、三角縁神獣鏡がすべて日本で製作されたとする王仲殊氏に反論し、当時の中国、朝鮮半島に割拠する国の関係を歴史的に解説して、三角縁神獣鏡は中国製だと主張しました。

朝鮮半島情勢からの推論

三国時代魏は、南の呉と、朝鮮半島・遼東半島を支配する北の公孫淵氏に挟まれて危機に陥ります。三角縁神獣鏡の銘にある「景初三年」(二三九年)は、魏が宿敵の公孫を打ち負かした翌年です。また魏の内部には厳しい権力闘争があり、一方の勢力である司馬氏は景初三年、敵対する一族を皆殺しにし、魏の後を継いだ晋王朝の基礎を築きました。景初三年に卑弥呼の使者は魏に朝貢し、魏帝から親魏倭王の制詔、金印紫綬、五尺刀二口、銅鏡百枚等を賜ったのです。朝貢は最大の信任の表明であり、しかもはるか遠路からの朝貢は、魏の勢力がはるか遠方にまで及んでいることを示すので、魏はこれを最大のセレモニーとして利用したといいます。卑弥呼の使者は翌正始元年(二四〇年)、魏の使者と共に帰国します。このような歴史的経緯から、銘にある「景初三年」「正始元年」は魏にとって重要な年で、三角縁神獣鏡は魏によって作成された意味のある鏡だと、近藤氏は主張しました。

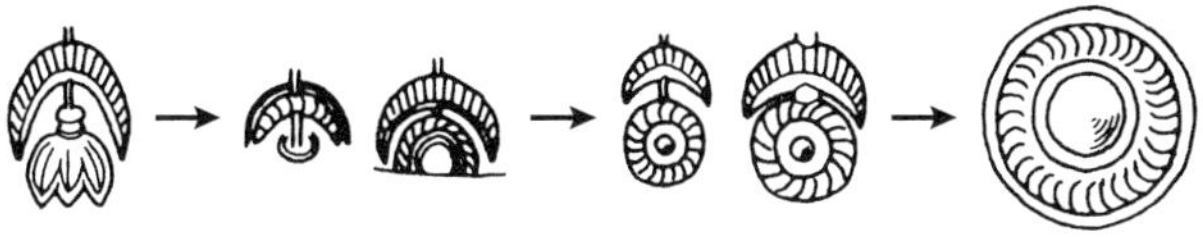

図 2-7　三角縁神獣鏡の傘松形の変遷

一九六一年、小林行雄氏は三角縁神獣鏡を西方型鏡群と東方型鏡群に分け、初めに西国に西方型鏡群を、その後東方型鏡群を東国に配布したと理解し、その説を基礎にして古墳時代の政治動向まで構築しましたが、近藤氏は西方の鏡のなかにも、小林氏のいう東方型があり、東方の鏡のなかにも西方型が見つかっているから、小林氏の説は成り立たないと、その矛盾を初めて指摘しました。

解明される三角縁神獣鏡

新納《にいろ》泉氏は、三角縁神獣鏡の文様、傘松形が、もともと中国の皇帝が臣下に信頼を与える「節《せつ》」を模したものであると考え、古式の本来の節から形がしだいに崩れていくことに着目して、三角縁神獣鏡の製作順を明らかにしました(図2-7)。

岸本直文氏は三角縁神獣鏡の非常に複雑な神獣の文様を詳細に観察し、鏡を一二種に分類しました。そしてそれら一二種を四神四獣鏡群と二神二獣鏡群と陳氏作鏡群の三つに分類し、それらが三つの異なった作鏡者集団によって製作されたことを明らかにしました。三角縁神獣鏡は中国から下賜された鏡であるにもかかわらず、中国では出土せず日本にしか存在しない鏡ですが、岸本氏は文様の連続性からみて、この三角縁神獣鏡が当時の中国鏡の形式のなかから成立したものであることを明らかにしました。

　森下章司氏は鏡の外側の外区と中心部の内区の文様を分けて分類し、外区模様と内区模様の組み合わせで倣製鏡の編年を組み立てました。倣製鏡の多様性は、今まで考えられてきたように、倣製鏡が中国鏡の忠実な模倣からの退化、大型品からの小型化といった一元的な変化ではなく、大規模な中心的な製作者集団の中で多くの系列の鏡が生産されていたことと、異なる製作者集団が存在したことから生み出され、そしてその複雑な変遷の過程で、文様の流れが二度大きく変化したことを明らかにしました。また鏡は道具としての機能的制約がないので、政治的象徴、祭祀用品、単なる貴重品など、幅広く対応できる多様性と可変制が、鏡を古代社会で長期間にわたって盛行させた、と鏡の特性に言及しました。

　また森下氏は、鏡の様式の変遷や記銘などを手がかりにして、三〜四世紀の中国鏡の実年代を追究し、その結果と日本の古墳から出土する三角縁神獣鏡や中国鏡を対応させて、古墳築造の実年代を割り出し、古墳時代の始まりが三世紀前半になる可能性に言及しました。

　福山敏男氏は、中国から出土した規矩鳥文鏡《きくちょうもんきょう》の銘文「吾作大竟、真是好、銅出徐州、清且明兮明」に「銅出徐州」の字句があることから、魏の領地である徐州から銅は産出しないとする王仲殊氏に反論しています。

下垣仁志氏は倭の中央政権が古墳時代前期に倭製鏡を作った意図を、「畿内王権による諸地域有力集団の格差づけ」のためとします。畿内中枢域を中心とした同心円の中心に近づくにつれて鏡の面径が大きくなり、分布も増えるが、それとは別に、中央ととくに関係の深い集団に渡された鏡の面径も大きくなっている。このことから、中央政府は「諸地域有力集団を効率的に格差づけるために、デザインと対応させた多様な面径の鏡を意図的に」製造したと下垣氏は考えています。

鏡の編年と分布から

岡村秀典氏は漢代四〇〇年間の鏡をおよそ五〇年の目盛で、初めて七期に分類し、漢鏡の体系的な編年を組み立て、その後に続く三角縁神獣鏡へとつなぎ、三角縁神獣鏡の編年を組み立てました。

岡村氏の分類で六期(二世紀前半)までの漢鏡が、九州に圧倒的に多かったのに対し、最後の七期の漢鏡(二世紀後半から三世紀)は九州で衰退し、九州以東で出土数と分布域が急速に拡大することから、岡村氏は、「魏志倭人伝」に記された倭国乱の終息による各地の交流の活発化と、邪馬台国の樹立の根拠を示し、邪馬台国の位置の特定にも大きな根拠を与えました(図2-8)。

また卑弥呼は魏と交流する前の三世紀初め、遼東半島の公孫氏から独占的に入手した画文帯《がもんたい》神獣鏡を各地の首長に分配しましたが、その分布は畿内に集中していました。北部九州の玄界灘沿岸や、狗奴国と想定される濃尾平野にはほとんど分布していません。ところが大和政権が安定するにつれ、三角縁神獣鏡の分布範囲は飛躍的に拡大するとして、鏡の動きを通して倭政権の拠点と成長の過程を、岡村氏は裏づけました。

岩本崇氏は、倣製三角縁神獣鏡では、紐通しのつまみ(鈕)や鏡の縁などの特徴から決まる鏡の形態が、文様と深く結びついており、その結びつきが倣製三角縁神獣鏡の規格を作っていることを示しました。その結果、今まで一系統とされてきた倣製三角縁神獣鏡は、複数の製作者集団によって、異なる規格の鏡が並行して生産されたことが明らかになり、森下章司氏の研究成果を他の視点から裏づけました。

車崎正彦氏は、中国製の三角縁神獣鏡から日本製の倣製三角縁神獣鏡へと、連続して模様が変化しているので、今まで日本製と考えられてきた三角縁神獣鏡は、実は中国の西晋で作られた鏡ではないかと提案しました。

小山田宏一氏は、墓における大量の朱や排水溝、棺を包む粘土、棺の目張りなどは、弥生時代後期まで遡ることができるが、これは、遺体の腐敗を防ぎ、死者の再生と復活を期待する行為で、中国の神仙思想の影響を受けている。また弥生時代、玉を遺体の周りに置くのも、玉の

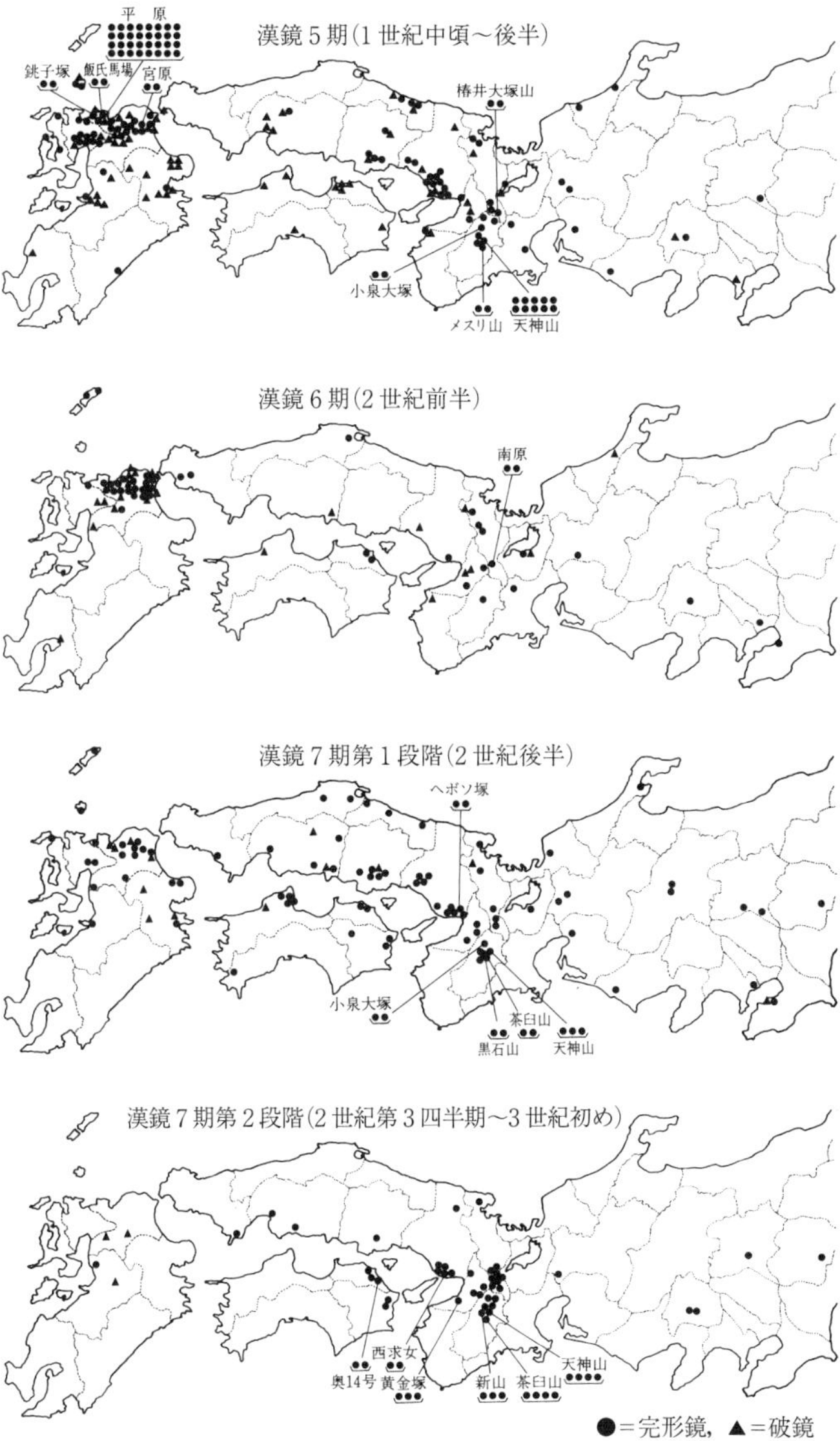

図2-8　漢鏡分布の変遷(岡村秀典氏による)

もつ呪力で死者を再生復活させる行為で、やはり中国の神仙思想の影響を受けており、前方後円墳の古墳祭式は、これらの神仙思想が合わさって生じたものと理解しました。古墳時代前期の三角縁神獣鏡の多さも、神仙思想の影響と考え、古墳祭式のイデオロギーが体系化する上で、神仙思想が重要な働きをしたと推測しました。

こうして古墳時代の鏡は、中央政権の所在地や安定度を、地方の政治動向を、倭と東アジアとの関係を、年代を、身分を、対立する政治勢力を、そして日本の最初の王卑弥呼の墓を、探る物差しとして大きな役割を担っています。

日本では二世紀末に本島西部が統一され邪馬台国が誕生しましたが、その邪馬台国では身分の差が生まれており、租税の徴収も始まり、役人が地方に派遣されました。そして、邪馬台国の後を引き継いだ倭国は、その初期から前方後円墳体制というユニークな体制を築きました。その体制の解明に、大陸と深い関係をもつ鏡が大きな役割を果たしたのです。

第三章　巨大古墳の時代へ

1　東アジアの大変動

倭王武の上表文

邪馬台国を引き継いだ古墳時代の倭政権は、前方後円墳体制という独自の支配体系を築きました。

権力を掌握する王が出現すると、一般に首長たちの墓は、王墓を小規模にした墓になりますが、古墳時代初期の中央政権は、首長たちの伝統的な墓形を認め、身分制度の決定にも地方首長の関与を許す、権力集中が弱い政権でした。しかしこの政権も、東アジアの政治動向に影響を受けて、権力を強化していきます。

西暦四七八年、倭国王の武が中国南朝の宋に使いを派遣し上表文を出したと、中国の正史「宋書倭国伝」は伝えます。この時代は古墳時代中期で、倭の中央政権はしばしば中国の南宋に使者を送り、将軍の称号を要求しました。中国の書に記されたこの武は、『日本書紀』に記載される雄略大王のことと推定されていますが、この申し立ての主旨は次のようなものです。

「自分の父祖は代々、日本列島と朝鮮半島の征服戦争を敢行し、二一六もの国を支配下においた。自分を倭と朝鮮半島の大部分を治める大将軍に任じて欲しい」。結果として、宋の順帝は、武に「使持節都督倭・新羅・任那・加羅・秦韓・慕韓六国諸軍事、安東大将軍、倭国王」の称号を与えました。ここにあがっている六国を支配する大将軍に任じるというものです。武が要求した百済への支配権を認めなかったのは、百済が宋王朝によって庇護される関係にあったからです。

五世紀の東アジアは動乱の時代でした。中国では四世紀初め、漢族からなる西晋が、胡族に攻め込まれて南に逃れて東晋を立て、華北は小国が興亡を繰り返す五胡十六国時代に入っていました。朝鮮半島北端の高句麗は、中国の抑圧から解放され、力を増して三一四年、中国の支配下にあった朝鮮半島の帯方郡を滅ぼし、中国王朝の支配は地に落ちて、朝鮮半島の政治情勢は極めて不安定となります。高句麗の南下に危機を覚えた百済は中国の東晋王朝に入貢して、四一七年「使持節都督百済諸軍事鎮東将軍百済王」の称号を授けられています。

この動向に倭も無関係ではいられなくなります。三七二年、百済の王から七枝刀《しちしとう》（図3－1。百済が倭との国交成立を記念して製作した刀で、七本の枝をもっています）が倭王に贈られました。百済は倭との友好関係をもつこ

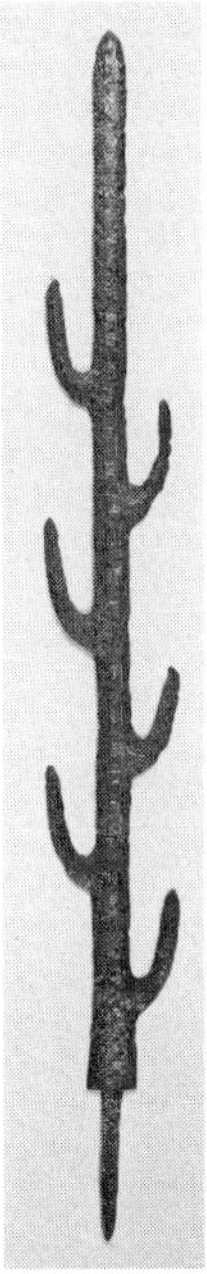
図3－1　七枝刀（奈良県石上神宮伝）

とによって、自らの政治的安定を図ったのでしょう。また、高句麗の好太王の功績を称えた碑文には、三九一年に、倭が百済、新羅に侵攻し、高句麗の国境まで来襲したので撃退したと伝えています。この碑文は、倭の軍事活動を示す資料となります。

讃《さん》・珍《ちん》・済《せい》・興《こう》・武《ぶ》は中国の書に記載された倭の五王です。『日本書紀』の履中《りちゅう》、反正《はんぜい》、允恭《いんぎょう》、安康《あんこう》、雄略《ゆうりゃく》にあたると考えてよいでしょう。倭の五王はいずれも中国に使いを派遣して、倭の覇権を認めさせ、称号を受け取っていますが、倭の使いが中国に派遣されるのは、倭が四世紀末高句麗に撃退された直後からです。使いを中国に派遣した倭の五王の目的は、朝鮮半島南部における倭の政治的覇権を中国王朝に認めさせることでした。しかしこの外交活動や軍事行動は、倭の力を認めさせ称号を受け取るほかに、さらに具体的な目的がありました。それは鉄資源と先進文物の確保でした。

鉄資源と先進文物の確保

四世紀後半から五世紀につくられた倭製の土師器《はじき》や青銅器が、韓国南部の慶尚南道や全羅南道など、南海岸に面した墳墓や集落遺跡から発見されており、ときには滑石で作った倭製の祭器も見られます。ここには、かつて日本と交流した加耶《かや》の地域があります。一方日本列島においても、同時期の加耶産の陶質土器や、鉄鋌《てってい》と呼ぶ朝鮮半島製の短冊形の鉄素材の出土量が急増していますす(図3－2、図3－3)。

この事実から、この時期に倭と朝鮮半島南部、とくに加耶との交流が頻繁になったことがわかります。これまで、最南部の加耶地方は、百済や新羅と比べて政治的統一が遅れたと考えら

図3-2　鉄鋌(滋賀県新開2号墳)

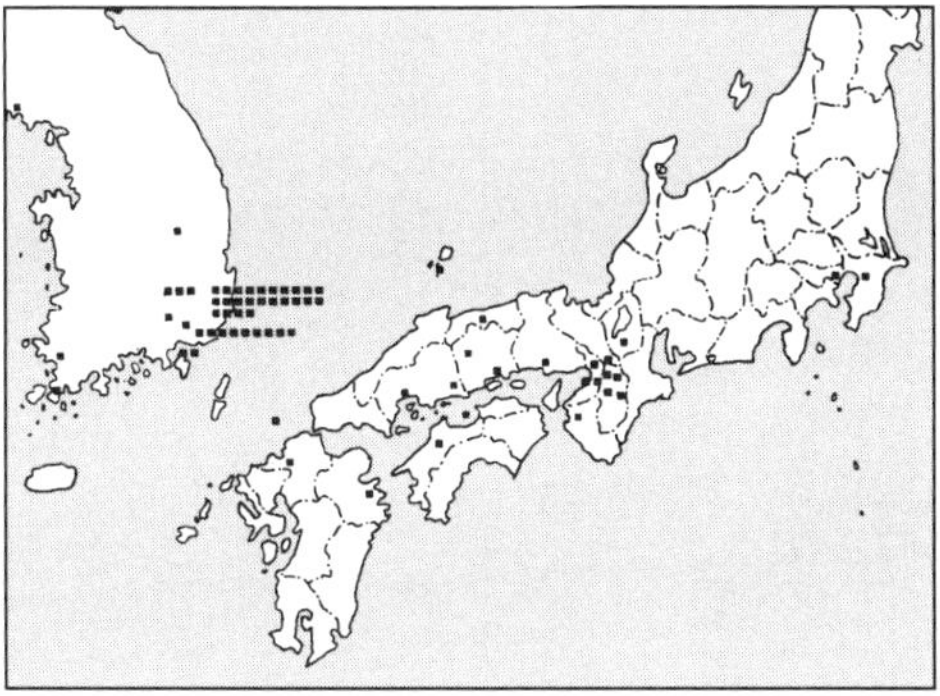

図3-3　鉄鋌の分布

れていましたが、加耶内各地の首長同盟の政治的結束によって加耶地方の東部に弁辰《べんしん》の国が生まれたことが、韓国の文献史学や考古学によって明らかにされました。倭国はこの弁辰の国と交流したのでしょう。三世紀の朝鮮半島について記した『三国志』の「魏志東夷伝」弁辰条には、弁辰で鉄がとれ、倭人もとりに来ると書かれています。五世紀の日本の古墳から出土する鉄鋌は、加耶のものと形態も似ており、自然科学的分析の結果、朝鮮半島産のものと判明しています。倭人にとって、加耶は重要な鉄資源の補給地だったのです。

五世紀に、東アジア諸国へ進出した倭の五王の活発な外交活動や軍事行動の目的は、この地域の先進技術と鉄資源の確保でした。百済も加耶も、陶質土器(朝鮮半島で製作されたもので、須恵器はこの陶質土器から学んでつくられました。陶質土器と須恵器は、一見して区別がつかないほど似ています)や金属工芸で先進的な技術をもっていました。鉄はその輸入を独占して、日本の中央政権が有力首長を統括するのに不可欠でしたし、先進技術は中央政権の先進性や威厳を示すのに不可欠でした。他方、百済や加耶は、高句麗南下の圧力に対抗するために倭との友好関係が不可欠でした。両方の利害が一致する限りにおいて倭は朝鮮半島で活動することができたのです。

四世紀末の大きな前方後円墳

中国が五胡十六国時代に入り不安定になったので、日本は四世紀から五世紀初頭には、朝鮮半島との交流を活発に行いました。その結果、大きな前方後円墳が、瀬戸内海沿岸や日本海沿岸に築造され始めます。九州北部の沿岸では福岡県鋤崎《すきさき》古墳、瀬戸内海沿岸では神戸市五色塚《ごしきづか》古墳(図3-4)、岡山県金蔵山《かなくらやま》古墳、日本海沿岸では福井県六呂瀬山《ろくろせやま》古墳、京都府神明山《しんめいやま》古墳、鳥取県北山《きたやま》古墳がこの時期の代表的な大型古墳です。これらの古墳は朝鮮半島との交流に適した港をもつ地域にあり、岡山県金蔵山古墳からは朝鮮製の鋳造の斧が出土しています。

図3-4　兵庫県五色塚古墳

さらに、この時期には武器や武具が大きく発達します。三角板革綴短甲《さんかくいたかわとじたんこう》と呼ばれる朝鮮半島の影響を受けてつくられた鎧《よろい》が各地の首長の間に急速に普及しました。また、巨大な前方後円墳ではありませんが、兵庫県加古川市行者塚《ぎょうじゃづか》古墳では加耶産の馬具や鉄鋌が、岐阜県遊塚《あそびづか》古墳では加耶産の陶質土器が副葬され、朝鮮半島と密接な関係をもった首長がこの時期に登場したことを示します。これらの事実から推定すると、四世紀後半から五世紀初頭にかけて海岸部に大きな前方後円墳を築いた首長たちは、この時期の朝鮮半島の政治的緊張に備えて倭政権の中枢が同盟を結んだ有力な地方首長であるか、あるいは畿内中枢からの派遣者であった可能性があります。これら巨大な古墳が海岸沿いの重要拠点に出現したことは、朝鮮半島へ人や物資を補給するための水上交通の中継地が重視されたことを物語ります。

また、この時期の古墳からは船の埴輪が多く出土しますし、『日本書紀』の「応神紀」や「仁徳紀」などには、この時代の大きな船の建造の記事が目立ちます。これらのことから、この時代は、外海輸送の大型船が活躍した時代であることがわかります。

巨大前方後円墳が河内と和泉に

この五世紀は、前方後円墳が最も巨大となった時期でもあります。大阪府河内の誉田御廟山《こんだごびょうやま》古墳(伝応神陵)、和泉の大仙陵《だいせんりょう》古墳(伝仁徳陵)などは五世紀の巨大古墳の典型です。ところがこの五世紀には、中央政権の最大級の巨大前方後円墳の立地の移動が起きているのです。中央政権の巨大古墳は、四世紀半ばまでは奈良盆地東南部(大和《おおやまと》・柳本《やなぎもと》古墳群)に築造されたのに対し、四世紀後半からは奈良盆地北部(佐紀《さき》古墳群)に、さらに五世紀初頭には大阪の河内(古市《ふるいち》古墳群)や和泉(百舌鳥《もず》古墳群)に移動するのです(図3-5)。

このなかで、古墳築造地が、奈良盆地から大阪の河内や和泉に移動した理由については、

『古事記』『日本書紀』などの文献史料を検討した古代史研究者の間で二つの説があります。一つは、五世紀に河内を根拠地とする有力首長が、奈良の大和政権から権力を奪ったという説(上田正昭氏、岡田精司氏)、二つめの説は、大和・河内の勢力が対立していたのではなくて、両者で一体化していたと見る説です(和田萃氏)。

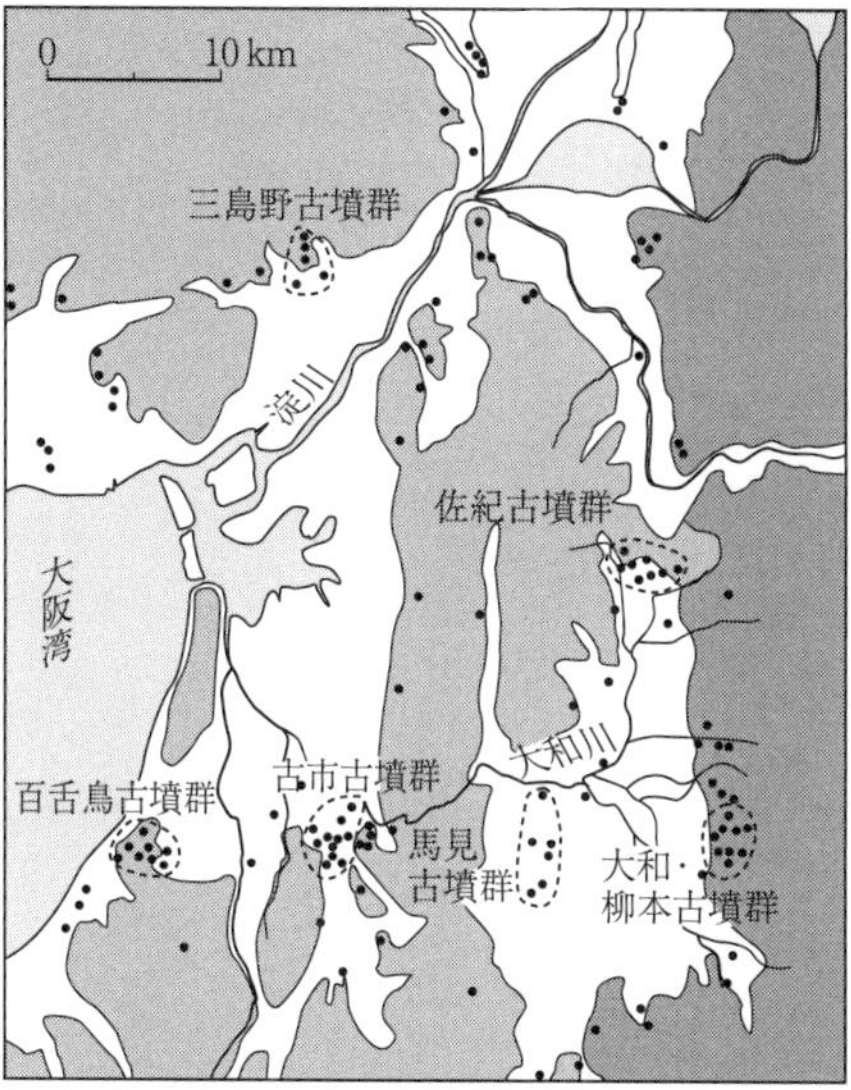

図 3-5　大阪と奈良の前方後円墳の分布

考古学研究者の間でも、巨大前方後円墳の移動を権力の奪還による政権中枢の移動とする意見、畿内南部の政治連合の内部で盟主権が大和の勢力から河内の勢力に移動したとする意見(白石太一郎氏)、三世紀から大和盆地で巨大な前方後円墳の築造を続けた結果、新たに造営する空閑地が少なくなり、墓の場所として河内や和泉の未開の原野を新たに選んだとする意見があります(近藤義郎氏)。この移動の理由について、次に考えてみましょう。

2　首長系譜の断絶と政変

中央権力の移動と地方首長系譜の変動

古墳時代の中央権力は、古墳中期の五世紀後半まではまだ弱体で、中央政権のなかで、権力移動がしばしばあったと私は考えています。その権力移動を古墳の姿を通して見ることができます。

巨大前方後円墳が奈良盆地から河内へと移動したのは、四世紀末から五世紀初頭のこととされていますが、日本列島の他の多くの地域でも古墳の動向に大きな変化が起きています。有力首長は一般に代々受け継がれるので、有力首長の墓は同じ場所に連なって築かれます。ですから前方後円墳などの首長の墓は一基単独であることは珍しく、二、三基の墓が同じ場所に築かれることが多いのです。この墓のあり方を私たちは首長系譜と呼んでいます。墓が同じ場所で連綿と続く限り、そこを根拠地とする首長一族は政治的に安泰であったと考えてよいでしょう。

ところが、四世紀末から五世紀初頭にかけて、各地の首長系譜に変動が起きます。それまで、ある系譜が前方後円墳を代々築いていたのに、古墳を築造しなくなったり、円墳しかつくらなくなったりします。と同時に、この変化のあった系譜のすぐ近隣の、別の系譜の首長一族が大

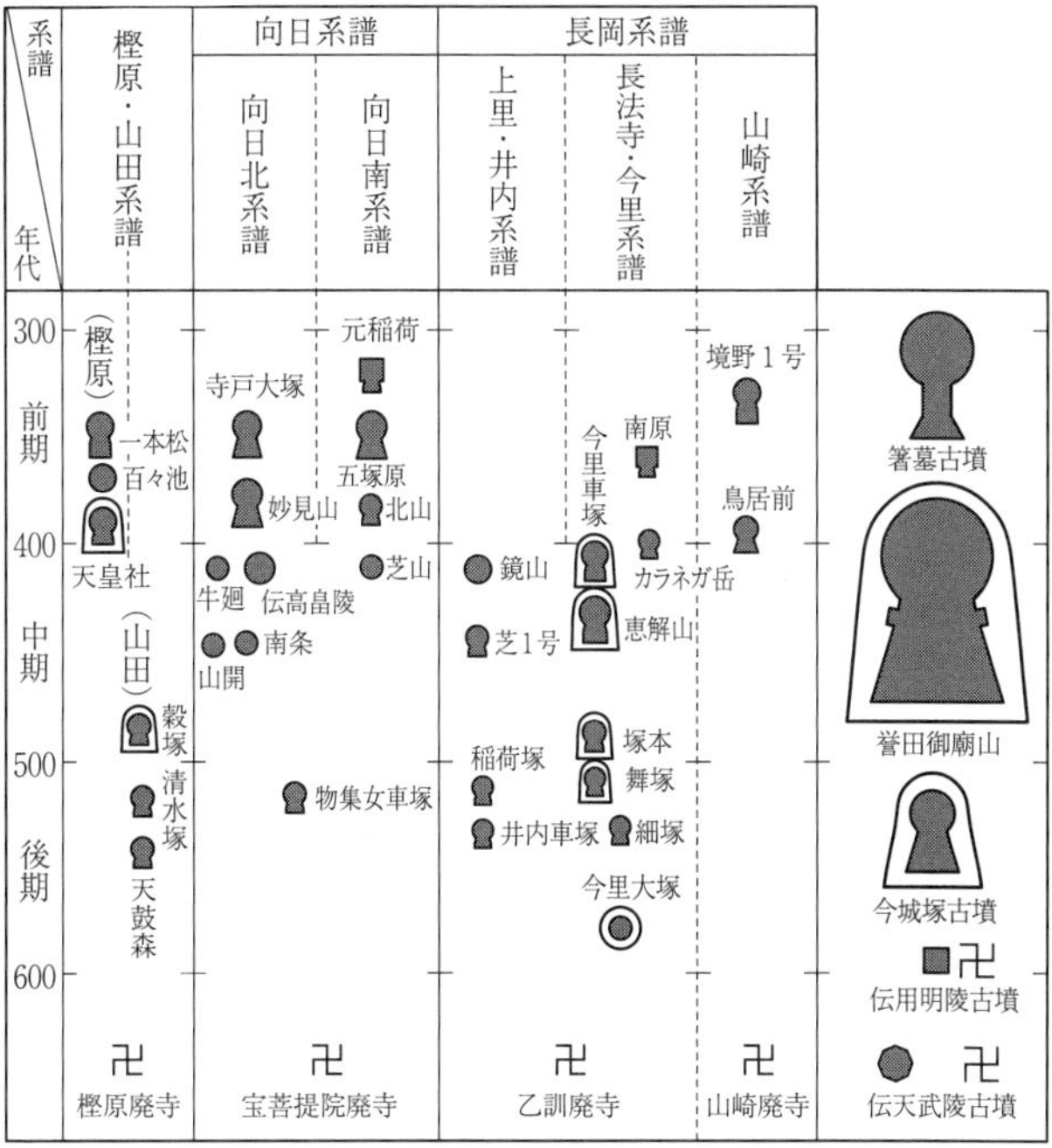

図 3-6　首長系譜の変動（京都府桂川水系の例）

きな前方後円墳を築造し始めるという変動が起きるのです。

これは、この地域を治める首長が交代したことを示します。とくに巨大な前方後円墳を盟主墳と呼んでいますが、近藤義郎氏は、吉備地方での盟主墳の移動を首長権の輪番制を示すものと理解し、古墳時代を部族同盟段階の社会と解釈しました。部族同盟の段階では首長たちの力は基本的に同等で、首長を統括する首長トップの地位を順番にすべての首長に回します。

しかし、この盟主墳の変動は一地域のみの独立した動きではなく、列島規模でいっせいに起きていること、中央政府の巨大前方後円墳が、大和から河内に移動する時期と重なっていることを見逃すわけにはいきません。

私が永い間調査した京都府乙訓《おとくに》郡内では、四世紀代には向日《むこう》地域の向日系譜が盟主墳を代々築いています。それが四世紀末には樫原系譜に移動し、五世紀前半には長岡系譜に、そして五世紀後半には山田系譜に、さらに六世紀前半には再び向日系譜に戻り、六世紀後半には長岡系譜に移動しているのです(図3－6)。

これら盟主墳の継続と断絶の時期を全国的な視野で見ると、変動の時期が全国的に重なる場合のあることがわかります。全国的な変動の一回目は四世紀末～五世紀前半、二回目は五世紀後半、そして三回目は六世紀前半の三回を指摘することができます。

一回目の変動

まず四世紀末～五世紀前半に盟主墳が断絶した一回目の変動を見ましょう。

岡山県の盟主墳は、三世紀半ばから四世紀末まで東部の備前地域でたどれます。それは浦間《うらま》茶臼山《ちゃうすやま》古墳から金蔵山古墳への流れです。しかし五世紀になると盟主墳は備中地域に移動して造山《つくりやま》古墳や作山《つくりやま》古墳が築かれるようになります。香川県の石清尾山《いわせおやま》古墳群の首長系譜、播磨の揖保《いぼ》川流域の首長系譜、神戸市域の首長系譜なども、四世紀末で姿を消し、他地域に新たな盟主墳がつくられていきます。

また東日本では山梨県中道《なかみち》地域の系譜、福島県の会津盆地の系譜などが同じ動向を示しています。

このように、第一期の変動は、四世紀末〜五世紀前半に全国各地で起きています。群馬県の毛野でも盟主墳系譜は、四世紀の毛野《けぬ》中部から五世紀には毛野東部に移動しています。つまり、前橋天神山古墳から太田天神山古墳へと移ったのです。

このように見ると、大和東南部を根拠地とした政権中枢と、これを支える地方の有力首長の同盟が弱体化し、河内に拠点をもつ政権中枢とそれを支える地方有力首長の同盟が、四世紀末から五世紀前半に政治的イニシアティブを奪ったのだと考えることができます。

二回目の変動

次に、第二回目の変動ですが、これは五世紀後半です。

鹿児島の大隅半島では五世紀に唐仁《とうじん》古墳群や塚崎《つかざき》古墳群が築かれました。この系譜はそれ以前の四世紀には小さな前方後円墳はあったものの、五世紀になって突如盟主墳の造営が始まり、その後六世紀には盟主墳はなくなりました。宮崎県の西都原《さいとばる》古墳群は四世紀代から小規模な前方後円墳はありましたが、五世紀前半になって女狭穂塚《めさほづか》古墳や男狭穂塚《おさほづか》古墳のような盟主墳が出現します。しかしこの盟主墳は五世紀後半以降は途絶えてしまいます。

兵庫県但馬《たじま》の円山川上流域にも池田《いけだ》古墳を中心に五世紀の大規模な前方後円墳がありましたが、それ以前も以後も盟主墳はありません。

畿内では、五世紀中頃に太田茶臼山古墳を造営した大阪三島の安威《あい》川系譜、恵解山《いげのやま》古墳を築いた乙訓の長岡系譜、久津川古墳を生み出した南山城の久世系譜など、淀川水系の有力首長系譜がこの五世紀に盟主墳を築き、新たに全盛期を迎えます。しかし、五世紀後半には、これらの系譜は断絶してしまいます。

このように五世紀後半に全国で多くの有力首長系譜が断絶して空白となります。この空白の五世紀後半に、別の系譜が巨大な前方後円墳を築き始めます。

熊本県菊池川《きくちがわ》流域の系譜はその一つです。ここには有名な江田船山《えたふなやま》古墳があります。埼玉県の稲荷山《いなりやま》古墳の系譜も空白の五世紀後半に盟主墳を築きます。また群馬県の保渡田《ほとだ》古墳群の系譜も、この五世紀後半に盟主墳をつくっています。この保渡田古墳群に関連した遺跡として、有名な三ツ寺《みつでら》遺跡があります。三ツ寺遺跡は深さ三メートルもの灌漑用水路や広大な耕地の開拓、そして巨大な居館で、首長権の驚異的な力を見せつけています（詳しくは第四章で紹介します)。

五世紀後半のこの第二の政治変動は何によって引き起こされたのでしょうか。五世紀後半に活躍した雄略大王の登場と関係があると、私は考えています。この考えは文献史学の研究とも矛盾していません。先に述べたように、熊本の江田船山古墳や埼玉の稲荷山古墳は、それまでの系譜がないのに五世紀後半に突然出現した古墳です。いずれの古墳からも、雄略大王に関した文字を刻んだ鉄剣が出土しています(一一七ページ、図4－10参照)。その銘の内容から、古墳の被葬者は、雄略大王に仕えた軍や文書関係の官人と考えられます。

雄略大王は、それまでの伝統的政治体制を支える有力首長どうしの横のネットワークを破壊して、官人を使って権力を中央に集中する革新的体制を敷き、国家形成を一歩進めました。ですから、雄略政権を支えた首長はそれまでの伝統勢力でない者も多いのです。官人として任命された江田船山古墳や稲荷山古墳の被葬者こそ雄略大王を支えた首長でした。

つまり、五世紀後半の第二の変動では、中央権力を強化しようとする雄略大王の政策が、伝統の政治体制と衝突して、吉備など強大な各地の伝統的勢力の反乱を引き起こし、毛野は、新しい首長と首長権をめぐる争いを引き起こしました。これらの結果、有力首長の交代が生じ、盟主墳の移動が起きたと私は考えています。雄略大王の時代、地方の強大な有力首長の古墳の系譜が移動していますし、中央政権と吉備の争いや、毛野など伝統的地方権力者たちの主導権争いが「記紀」に記録されています。

三回目の変動

つぎに六世紀前半に起きた第三回目の変動を見ましょう。この変動でも、多くの系譜で盟主墳の断絶と開始がありました。興味深いことに、六世紀前半に始まった盟主墳のなかには、第二回目の変動で断絶した系譜が復活したものが非常に多く含まれています。五世紀後半に断絶した淀川水系の盟主墳の復興はその典型的なケースで、それは淀川沿岸の京都の宇治と乙訓、大阪の三島で起きています。

淀川水系には五世紀前半に、埴輪の製作技法などから大仙陵古墳など河内の王家と親密な関係にあったとわかる首長の盟主墳が多く築かれましたが、それらの系譜は雄略の活躍期の五世紀後半には断絶しました。ところがこれらの系譜は、六世紀前半には再び復活するのです。

しかも復活した大阪三島の盟主墳である今城塚《いましろづか》古墳は、継体《けいたい》大王陵と考えられています。また宇治市の二子塚《ふたごづか》古墳は今城塚古墳の二分の一の相似形で、今城塚と深い関係があると考えなければなりません。再興した淀川水系に継体大王の墓があることは何を意味するのでしょうか。それは六世紀前半の政治変動が、継体大王の登場と密接な関係をもつことを示唆しています。

やはり復活した愛知県尾張の断夫山《だんぷさん》古墳をはじめ、巨大な前方後円墳が六世紀中頃、各地に築かれましたが、これらは継体大王を支えた有力首長の墓でしょう。

この他にも六世紀になって盟主墳を築き始める地域があります。それは京都市嵯峨野や長野県天竜川流域です。これらの地域ではそれまで開発が遅れていて、大きな古墳は築かれませんでしたが、六世紀に入って渡来系集団が移住してきて新たに畑作の経営が始まりました。住人の使った土器に朝鮮系のものが多く含まれるのでそれとわかります。長野県の天竜川流域や、群馬県の白井《しらい》・吹屋《ふきや》遺跡では畑の外に牧《まき》まで営んで馬を飼っていました。大阪府寝屋川の讃良《ささら》郡でも馬を飼っており、出土した馬具から、戦闘用の馬を育てたことがわかります。牧はもともと日本にはなく朝鮮半島で行われていましたから、このことからも渡来系の人がここに移住したことがわかります。文化的に高い渡来系集団が政治的に力をもち、継体を支える勢力になり盟主墳を築くようになったのでしょう(一瀬和夫氏)。

倭政権の軍事的性格

四世紀後半から五世紀初頭にかけての列島規模の政変は、先に述べた東アジア情勢とも連動していると思います。この時期の東アジアの政治的緊張を前にし、必需物資である鉄を安定的に確保する対外活動に乗り出すため、倭政権の中枢は列島主要部の首長層を軍事的に動員する必要に迫られました。

倭の五王のうち、二代目と三代目の珍や済が自らの将軍号だけでなく、珍は「倭隋《わずい》ら十三人に」将軍号を、また済は「二十三人に軍郡」なども同時に要求して認められています。倭王は、これら有力首長たちとの結束を支えとして、東アジアの政治的動乱期を乗り切ろうとしたのでしょう。

河内の大王と地方有力首長との新しい結束が形成され強化されると、三世紀半ばから政権を握っていた奈良盆地の勢力の指導性が相対的に弱くなり、これに代わって河内に拠点をおき、かつ朝鮮半島の百済や加耶の諸勢力との友好に積極的な新興勢力のイニシアティブが優位にたったと考えることができます。

前方後円墳体制の始まりと共に四隅突出墓は消滅していきましたが、前方後方墳を築く有力首長たちは、前方後円墳体制のもとでも一定の地位を維持してきました。しかしこの四世紀後半の政治変動の過程で、前方後方墳勢力も五世紀初頭以降急速に衰退し、細々と出雲地方などで造営される程度の少数派に転落します。

後円墳と後方墳との連合体制、中央政権と地方有力首長との連合体制は、やがて五世紀後半には、前方後円墳勢力による強力な中央集権体制へと変質していくのですが、五世紀初めの段階で、まず前方後方墳の勢力がふるい落とされるのです。名実共に前方後円墳のみが有力首長の地位を象徴する時代に転換したのです。

吉備と大和

五世紀代に築かれた、岡山県の造山《つくりやま》古墳（三五〇メートル）と作山《つくりやま》古墳（二七〇メートル）は河内の大王の巨大前方後円墳に匹敵する大きさをもっています。吉備は、「魏志倭人伝」にある「投馬国」の中心と考えられ、古墳時代を通じて有力首長の続いた地域であり、ここに強力な地域権力があったことは間違いありません。

このことから岡山に、畿内から独立し畿内に対抗しうる独立国家があったとする説もあります。それは吉備が大和政権と対立する巨大勢力で、吉備国家として存在していたとする考えです。

この解釈は、「記紀」にある五世紀後半の「吉備の反乱」を生んだ対抗関係が五世紀前半まで遡るとみる考えです。しかし、同じ時期に築かれた畿内のミサンザイ古墳（履中陵）と吉備の造山古墳、作山古墳は同じ設計でつくられています。このことから吉備の地域権力は、五世紀半ばまでは大和や河内の倭政権中枢と友好関係にあったと考えられるのです。造山古墳や作山古墳の被葬者は、先に述べた倭王の珍や済と共に将軍号を要求した有力首長の一人であった可能性もあります。

つまり、倭の五王時代の前半期である五世紀半ばまでの倭政権は、中枢にいた大和や河内の大王を中心に、地方有力首長を結集した連合体であったと考えてよいでしょう。

しかし五世紀後半になると、この連合体の性格は大きく変質します。

雄略大王、継体大王の性格

五世紀前半の中央政権の巨大化した前方後円墳は、地方の有力首長や東アジアからの来訪者に、中央権力の大きさを見せつけるのに効果があったと思います。大阪湾に入った東アジアの使者たちは、巨大な墓に目を見張ったでしょう。しかし松木武彦氏の言うように、武器の調達、戦いの武力集団、戦闘の指揮までも地方の有力首長に頼る等、倭軍は各地の有力首長に支えられており、成熟した国家としての充分な権力を獲得できていませんでした。花田勝広氏は、五世紀初頭でも「鉄鏃などにおいては、個体差は多く工房の分散が予想される」としています。また、七世紀の軍事関係の法令「軍防令《ぐんぼうりょう》」でさえも弓矢と刀などの軍装は軍団の兵士が自弁することになっていると松木氏は指摘します。中央政権が運営する工房で、一手に武器を製作したのではなく、各地の有力首長が武器の調達を引き受けていたのでしょう。それは、古墳時代の最初の王卑弥呼が誕生した状況から理解できます。卑弥呼はその権力を地方有力首長たちから勝ち取ったのではなく、地方有力首長たちが卑弥呼を共立して邪馬台国が生まれているからです。

倭の五王の二代目珍が要求した称号で、王以外に要求した一三人のなかには、地方の有力首長の使者が含まれていた可能性があります。倭王は幾度も政権の交替を繰り返す東アジアの情勢を目撃しており、国家経営における官僚や軍事力の重要性を、交流していた百済等で学んでいたでしょう。中央権力をもっと高め、王の権力を安定したものにしようと動いたのが、五世紀後半に活躍した雄略大王、つまり中国の書にある倭の五王の最後の王、武です。

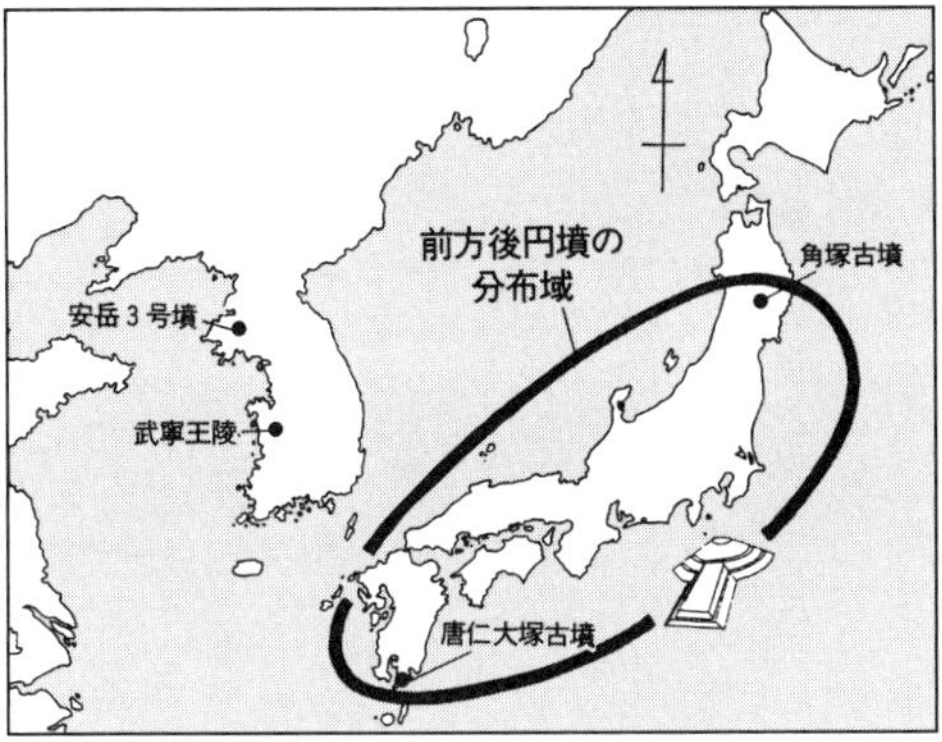

図3-7　前方後円墳の分布域

　武すなわち雄略大王は中国の南宋に使いを派遣し、王一人だけの将軍の称号を受け取りました。そして官僚制度を取り入れ、中央政権が指揮する軍事制をめざし、各地の有力首長連合体制を解体させて中央権力を強化し、国家形成を大きく進めました。そのため、雄略の時代に前方後円墳の分布は最大になり、岩手県の角塚《つのづか》古墳から鹿児島県大隅半島の塚崎古墳群まで広がりました（図3－7）。

　また雄略は朝鮮半島と大いに交流し、カマド、精巧な威信財、馬具、武器、鎧など高度な文化を積極的に輸入し、中国と交渉して朝鮮支配を認めさせるなど、倭の覇権を大いに高めました。国内では、伝統ある強力な地方権力吉備の抵抗を受けますが、それを打ち負かして中央集権を押し進め、地方有力首長の分布を大きく変えました。

六世紀前半は継体大王の支配になります。九州の有力首長磐井《いわい》が、六世紀前半に起こした磐井の乱は、継体の登場以降に起きた事件ですが、雄略の時代からの対外活動に伴う軍事負担への抵抗、そして有力首長連合体制を崩したことへの抵抗でしょう。

五世紀後半の雄略大王の支配の諸施策は成熟した国家への飛躍を準備しました。しかしながら、それは急進的であったために、六世紀前半に短い反動期を迎えます。磐井の乱、そして「記紀」に見える継体大王擁立運動は、地域の有力首長連合体制をいままで通り維持しようとする伝統勢力の巻き返しで反動の嵐が吹き荒れた時代といえます。

第四章　権力の高まりと古墳の終焉

1　豪族の居館と民衆の村

三ツ寺遺跡の居館

大きな前方後円墳に葬られた首長層は、生前どんな家に住んだのでしょうか。また、古墳づくりに動員された民衆はどのような生活を送っていたのでしょうか。有力首長と彼らに支配される民衆の生活を知るうえで重要な遺跡が群馬県にあります。五世紀後半～六世紀初めに営まれた、三ツ寺《みつでら》遺跡と黒井峯《くろいみね》遺跡です。三ツ寺遺跡は有力首長の居館、黒井峯遺跡は民衆の村です。この二つの遺跡は同じ時期で場所も近いので、両者を比較すると古墳時代の社会の仕組みがよくわかります(図4-1)。

まず、三ツ寺遺跡から紹介しましょう。この遺跡は、群馬県高崎市にあります。上越新幹線の工事に伴う調査によって発見されました。調査は遺跡全体の三分の一だけですから全貌は未解明ですが、五世紀後半から六世紀初頭の有力首長の居館の構造がわかる貴重な遺跡です(図4-2)。

居館は一辺八六メートルの正方形の屋敷地内に建てられていますが、屋敷地の周囲になんと幅四〇メートル、深さ三メートルの濠をめぐらせ、濠の内側の斜面には全面に石を敷き詰めています。屋敷地の周囲には濠の内側に沿って木の柵列を三重にめぐらせています。屋敷地から濠に向かって一〇〜二〇メートル突き出ている張り出しが少なくとも三カ所見つかりました。張り出しは、中近世の城郭の「横矢《よこや》升形《ますがた》」に似ており、濠の内側の石垣をよじ上って屋敷地に侵入しようとする敵を張り出しから弓矢で狙う施設と考えてよいでしょう。この居館が城郭のような防御的性格をもっていることがわかります。濠の外側の長さは一辺一六〇メートルにもなります。

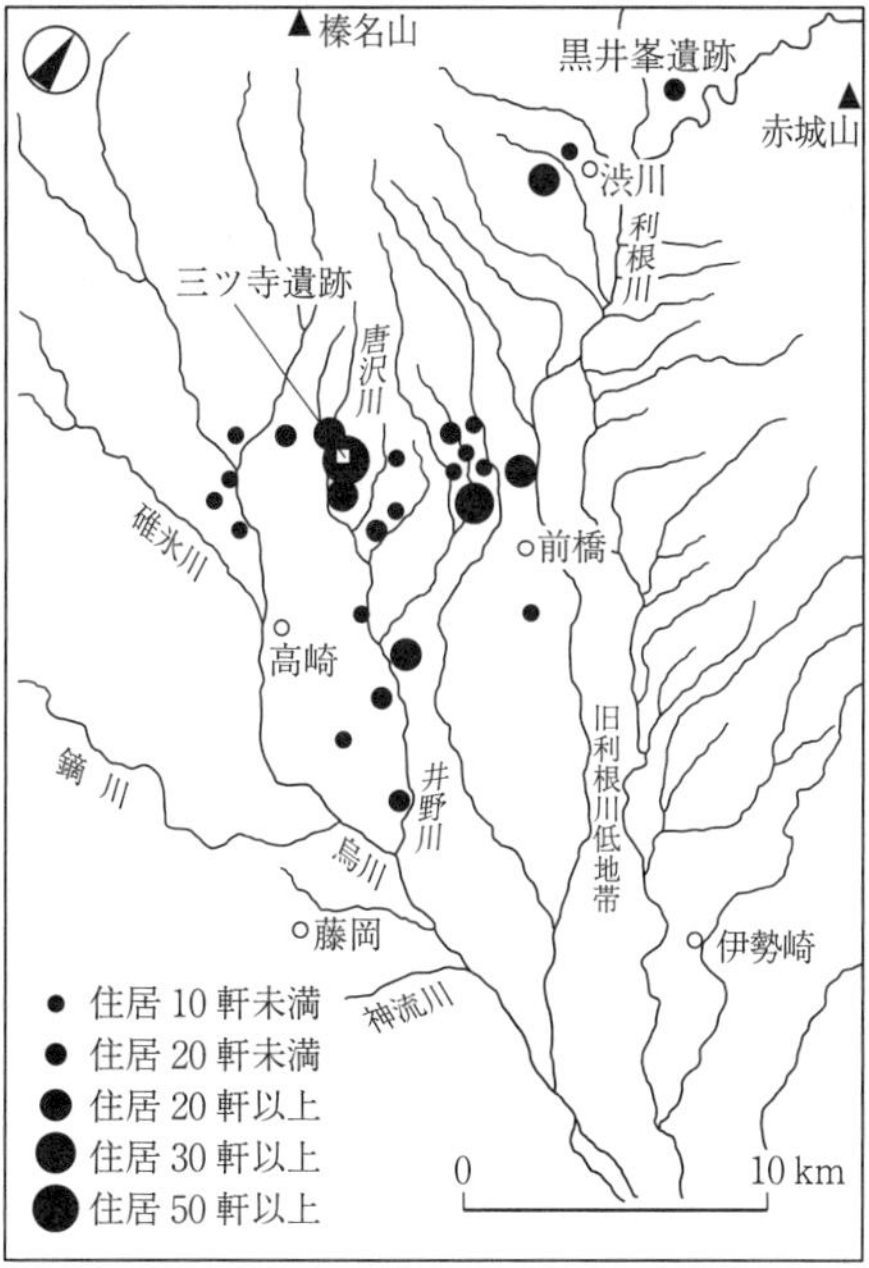

図 4-1　三ツ寺遺跡と黒井峯遺跡

政治と祭祀の空間

濠に囲まれた屋敷地内は木の柵列によって十字の四区画に仕切られ、それぞれの区画

図4-2　三ツ寺遺跡復元模型

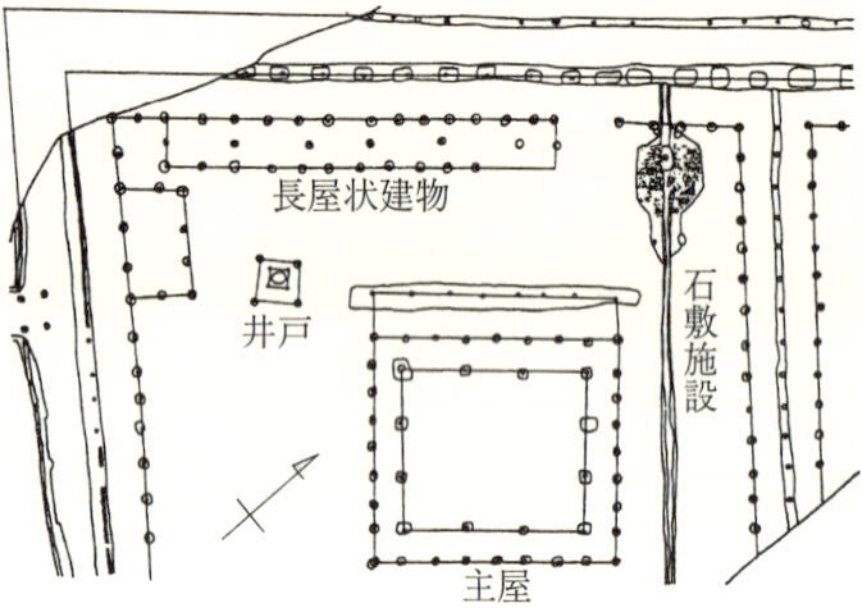

図4-3　三ツ寺遺跡居館南区画

は異なった役割を担っていました。そのうちの一区画は発掘によって全容が明らかになりました(図4－3)。

その区画に建てられた平地式建物は一三・五×一一・七メートルもの大型の建築物で、四面に廂《ひさし》をもつ高度な技術を駆使した建物です。その大型の建物の西に井戸、それも四本柱の屋根掛けをした径一・五メートル、深さ三・五メートルの大きな丸井戸があり、大型建物の北側には水を溜めて祭祀をしたらしい石敷の窪みが二カ所あります。この石敷遺構の規模は四・一五×四・四メートル、深さは四五センチメートルで、この石の窪みでは子《こ》持勾玉《もちまがたま》とよぶ滑石製の祭器や祭祀に用いる高坏《たかつき》形土器が見つかっています。

この石敷遺構から濠に向かって真っすぐに木製の樋《ひ》が伸び、この樋は濠をまたいで館の外部にまで達しています。外部から水道橋で導いた水を石敷遺構まで引いてかけ流す仕組みで、石敷遺構では祭祀が執り行われたと推測されます。この同じ区画の西の隅には長屋状の建物があります。兵士の住まいかもしれません。

これらの配置や遺物の状況から判断して、四面廂の大型建物は首長の住居であり、同時にここで重要な会議や祭祀が行われたものと推定できます。この区画は政治を執り行う「マツリゴト」の場といえましょう。

この北隣の区画は一部発掘されただけですが、大型竪穴住居が二棟見つかっています。ここで出土した土器の型式が和泉式末期にあたるので、この建物は五世紀末と判明しましたが、首長に仕える従者の家か、あるいは工房用の建物と推定されます。未発掘の他の二区画に何があるのか、興味あるところですが、同じく六世紀の群馬県原之城《げんのじょう》遺跡の首長居館では、大型倉庫群がありますし、この頃の有力首長たちの居館には倉庫が必ず付随しているので、ここ三ツ寺居館の未発掘部分にも、税で集めた米を収納する大型倉庫群が眠っている可能性が高いです。

以上の特徴から、この居館は有力首長とその一族の生活の場、つまり家政機関の拠点であり、同時に首長が政治を行う重要な場だったことがわかります。

三ツ寺遺跡の居館は、六世紀初頭の榛名山《はるなさん》の大噴火による火砕流を受けて放棄され、その後

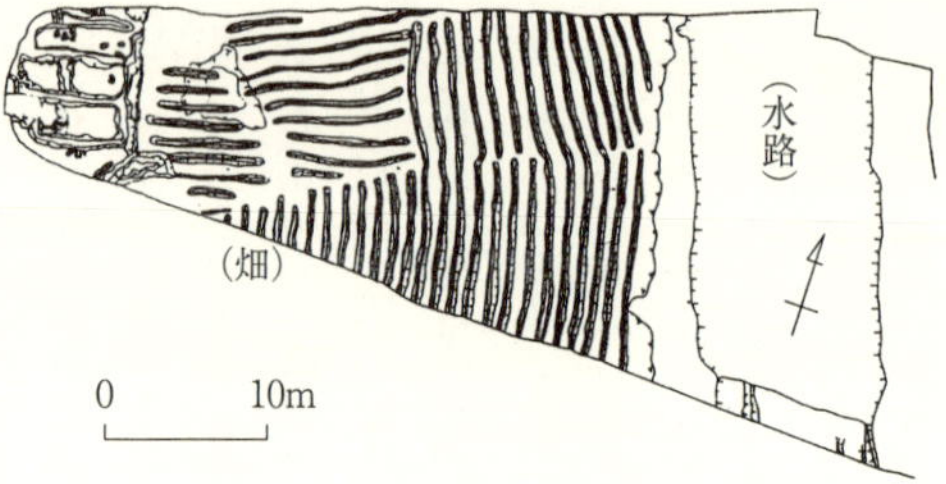

図 4-4　芦田貝戸遺跡の水路と畑

この地には一般住民が竪穴住居を次々と建てて生活を営みました。

開発を指揮した首長

三ツ寺居館から西北約一キロメートルには、五世紀後半から六世紀半ばにかけて造営された三つの前方後円墳、二子《ふたご》山《やま》古墳、八《はち》幡塚《まんづか》古墳、薬師《やくし》塚《づか》古墳があります。これらの古墳の年代は、先ほど述べた三ツ寺居館の継続年代ともほぼ一致するので、この三基の古墳群は三ツ寺居館の有力首長一族の古墳群であり、古墳群を取り囲むように北から南に流れる井野川と唐沢川の流域一帯は、三ツ寺居館の有力首長一族の支配地域と考えていいでしょう。

この地域では、六世紀初めに噴火した榛名山の軽石や火山灰や火砕流の堆積の下から集落や耕地や水路が見つかっています。段丘上の御布呂《おふろ》遺跡や芦田《あしだ》貝戸《かいど》遺跡では、井野川に沿った段丘上に、この水路から灌漑用水を引く水田が見つかっています。芦田貝戸遺跡では、水路の両側に耕地があり、低い側には水を引いて水田とし、水がかりの悪い高い方は畑としています。それは畝《うね》立《た》て法の畑であり、ここでは高水準の栽培法が行われたことがわかります(図4-4)。

段丘上に、このように大規模の水路を掘削して耕地に灌漑する事業は、三ツ寺居館の首長の指揮があってはじめて可能でしょう。三ツ寺居館の有力首長は、農民を動員してこの地域一帯の開拓を指導し、その収穫物を租税としても徴収し、居館内の倉庫群に蓄えたと考えていいでしょう。

墓の階層化

集落における環濠集落の解体と大規模な首長居館の出現は、古墳時代が社会的な激変の時代であることを物語っています。階層化は墓にもはっきりと表れています。墓の格差は弥生時代の中期から生じてきますが、古墳時代の墓の格差は弥生時代中期から生じた墓の格差とは大きな違いがあります。

弥生時代には、貧しい住民でも他の住民と一緒に共同墓地に葬られました。葬る場合も土壙墓の形を木棺の形と同じ長方形に掘り、穴の床は平らに整えました。土壙墓は棺桶を使わず、遺体を直接土の穴に埋める墓ですが、弥生時代の土壙墓では、貧しいながらも、多くの場合、土器などの副葬品が見つかります。

さて古墳時代になって、墓はどう変化するのでしょうか。古墳時代になると、大王は五〇〇メートルもの巨大な墓をつくり、地方の首長も一〇〇メートルを越える墓をつくりました。

では、一般住民の墓はどうなったのでしょうか。台頭した有力農民は三〇メートル程度の低い盛り土の前方後円墳や前方後方墳、あるいは一〇メートル程度の円墳や方墳を築くようになります。しかし注目すべきは、膨大な数の土壙墓の出現です。一カ所で六〇〇体にも七〇〇体にもなる土壙墓だけの墓地もあります。土壙墓だけで埋め尽くされた墓地です。

新しい墓穴は、古い墓穴を切り取ってつくられます。形も三角形、楕円形、円形と様々で、穴の底はでこぼこのものが多いです。副葬品はまずありません。弥生時代でも中期になると、リーダーと農民の間には、墓の規模だけでなく墓地自体の階層化が生まれました。しかし古墳時代になると農民層の間にまでも、墓の規模と墓地自体の階層化が始まっているのです。

福永伸哉氏は、墓に見られるこの階層化を社会の急激な階層化の反映であると指摘しています。

首長居館と民衆

首長居館の登場は、首長層が一般住民との隔絶性を強めて、自らの居住地を別に打ち立てたことを物語っていますが、首長居館が独立すると、残された一般農民もまた、小規模ですが柵列や溝で囲まれた小さな屋敷地を自ら築き始めます。これは民衆の力の台頭として注目されます。

五世紀後半の大園《おおその》遺跡（図4－5の1）は大阪府高石市にあり、屋敷地の方形区画は東西四七メートル、南北三四メートルです。この区画内を二分し、東半分に四棟の建物がありますが、その中心の建物は平地式住居で、井戸一基と倉庫が伴います。西半分は未発掘ですが、畑あるいは作業場が考えられます。祭器である器台形須恵器をもっているので有力農民か下位の首長と考えられますが、有力農民ならば農民層の階層化、首長なら首長層の階層化で、いずれの場合も、階層化は首長や農民にまで及んでいることがわかります。

次は一般農民の屋敷地です。五世紀末から六世紀の中田遺跡（図4－5の2）は東京都八王子

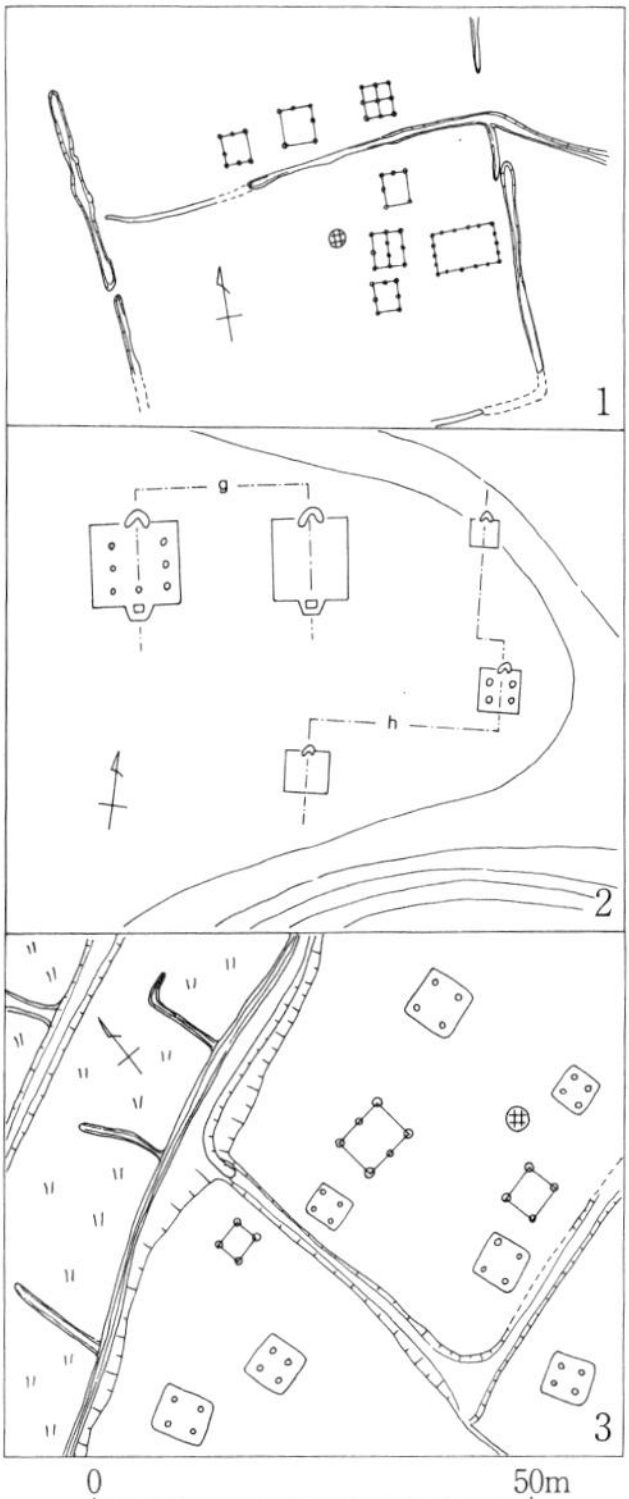

図4-5　古墳時代集落の居住区画（1. 大阪府大園遺跡，2. 東京都中田遺跡，3. 静岡県小深田遺跡）

市の山の尾根が伸びた低い台地にあります。これは一般農民の屋敷地です。ここでは三四軒もの竪穴式住居が見つかりましたが、三回建て替えられているので、同時には一一軒程度が暮らしたと考えてよいでしょう。一一軒の竪穴は、四つのグループに分かれており、一グループは三軒程度で、この一グループが一つの屋敷地で生活しています。一つの屋敷地の広さはおよそ五〇メートル四方で、屋敷地の間は、三〇メートルから五〇メートル程度離れています。

一つの屋敷地内では、家はふつう同じ方向を向いていますが、なかには直角の方向を向いている家もあります。建物の広さはいろいろですが、五メートル四方程度が多いです。甕や壺が多く見つかりました。倉庫らしい建物が一つのグループから見つかっていますが、充分調査すれば、すべてのグループから倉庫が見つかると思います。

やはり一般農民の屋敷地である四世紀の小深田《こふかだ》遺跡(図4-5の3)は静岡県焼津市の低湿地にあります。溝で囲まれた屋敷地の方形区画は南北四〇メートル、東西四五メートル以上ありますが、平地式の住居はなく、四棟の竪穴式住居のみで、一棟の高床倉庫と井戸をもっていました。この屋敷地には四家族が住んでいたと考えてよいでしょう。

この小深田遺跡の四棟の竪穴式住居は、おのおの同一場所で四~五回の建て替えがありました。最後に四棟同時に焼失し、焼失遺跡として残ったのですが、井戸が火災で焼け、水位がはっきり残っているのには驚きました。時期は土器型式でいうと布留《ふる》式にあたり、四世紀代になります。さらにこの屋敷地に隣接して南と西に、同じように溝に囲まれた別の屋敷地があり、溝で囲まれた三つの屋敷地が連続して見つかったのです。この屋敷地は発掘によってさらに数が増える可能性があります。三つの屋敷地の北側におよそ二〇メートル四方の水田の区画が数多く広がっていました。周辺の未発掘部分を調査すれば、人口とその人口に要する水田の面積など、さらに細かい関係が明らかになるでしょう。

大園遺跡、中田遺跡、小深田遺跡のように、屋敷地の立地条件、一軒あたりの屋敷地の広さ、建物の格式や遺物などによって、首長層の居住区、有力農民の居住区、一般農民の居住区というように、屋敷地に階層差が認められます。さらに三ツ寺遺跡では、周濠で囲まれた有力首長の屋敷地内に、首長居館だけでなく、使用人と推定される者の竪穴式住居が同時に存在することから、階層は首長層と一般農民層といった大まかなものだけでなく、階層の分化がいっそう細かく生活の隅々にまで行き渡ったことが読み取れます。

首長居館の構成

古墳時代の一つの屋敷地は、有力首長・有力農民・一般農民を含めて、およそ五〇メートル四方のものが多いですが、三ツ寺遺跡の八六×八六メートル、群馬県原之城遺跡の一〇五×一六五メートルのようにとくに広い屋敷地もあります。

首長居館の屋敷地は普通、外界への防御のための広い濠や土塁や柵で囲まれており、屋敷地内部は柵でいくつかに区画されています。そのなかの一区画に首長の居住する大型住居が建てられています。首長はこの区画で祭り事を執り行い、日常生活も送っていたのでしょう。大型住居は一辺十数メートルを越えることも多く、しかも床を地面より下げた竪穴ではなく、必ず先進的な平地式住居になっています。三ツ寺遺跡、奈良県上之宮《うえのみや》遺跡のように、四面に廂をもつ非常に高度な技術で築かれたものもあります。

首長居館の屋敷地には大型井戸が必ず付属していますが、三ツ寺遺跡では屋根のついた格式の高い井戸がつくられていました。首長居館は首長が祭り事を司る場所ですから、首長居館にとって祭祀施設は不可欠なものです。祭祀施設は普通水がかかわりますが、三ツ寺遺跡では祭祀のための導水施設が見つかりました。三重県城之越《じょのこし》遺跡、奈良県上之宮遺跡では、庭園と水を組み合わせた祭祀施設が見つかっています。

首長居館は、有力首長がそこで暮らすわけですから、日常の生活を処理するための家政機関的施設も備わっています。三ツ寺遺跡では、兵舎や馬小屋と思われる細長い長屋的建物(長さ二一・八メートル)が見つかっています。柱間は二間×一三間です。有力首長の食事を用意したり、身の周りの世話をする者たちの竪穴住居は、平地式住居とは別の柵内に整然と並んで建てられています。

首長居館には倉庫が必ず併設されています。首長居館そのものが租税なしには存立しえないので、居館には租税として徴収した物品を収納する倉庫があるのが普通です。大阪府法円坂《ほうえんざか》遺跡の倉庫の面積は九二平方メートルもあり、棟数は一六棟もありますが、一般の首長居館の倉庫の面積は五～九平方メートル程度で、棟数は五～六棟程度です。ただ和歌山県の鳴滝《なるたき》遺跡(図4-6)は七棟、群馬県原之城遺跡は六棟と数は普通ですが、平面積が特別大きく、およそ五八～八〇平方メートルもあります。

図4-6　和歌山県鳴滝遺跡の倉庫群の柱穴

日本のポンペイ、黒井峯遺跡

三ツ寺遺跡から十数キロメートル北に、黒井峯遺跡があります。近くにある榛名山は六世紀初めに噴火を起こしましたが、六世紀半ばに再び大噴火を繰り返しました。黒井峯遺跡では一度目の噴火でも被害を受けましたが、住民はこの災害を克服して生活を継続しました。しかし二度目の大噴火でこの黒井峯遺跡は放棄されたのです。

ここでは約二メートルもの厚い軽石の堆積の下から当時の

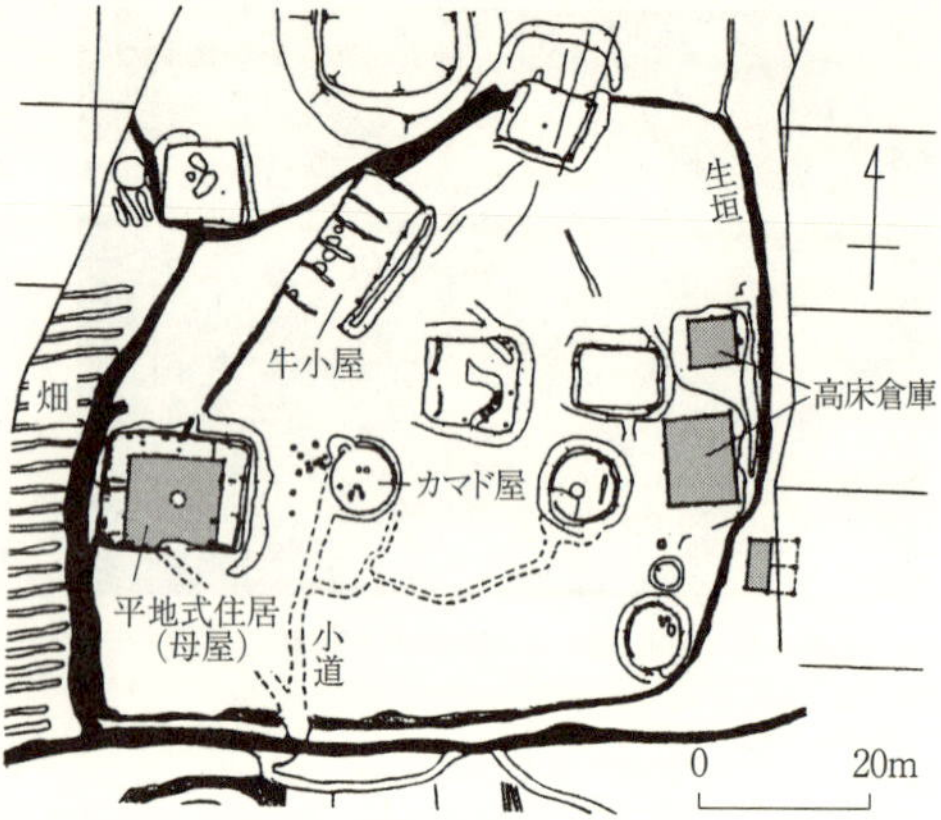

図4–7　黒井峯遺跡西組地区

村落がそっくり顔を出しました。日本のポンペイとも呼ばれるこの遺跡の発掘では、普通の遺跡では残りにくい住居の屋根や壁、道路、生け垣、畑などの状態が当時のまま出現し、当時の農民の生活を驚くほど生き生きと詳細に提示してくれました。

　赤城《あかぎ》山《やま》西麓の台地上にあるこの遺跡では、農民の小さな屋敷地が一〇単位見つかっています。そのうちの一単位黒井峯遺跡西組地区の例を見ましょう（図4－7）。約六〇メートル四方の不整形な屋敷地の周囲に低く小さな土手を盛り上げ、土手の上に木を移植して生け垣としています。南の辺に入口があり、ここを出入りした人が踏み固めた道が屋敷地内まで続いています。この生け垣に囲まれて一〇棟の平地式建物があります。まず入って左に母屋らしい大きな平地式住居があり、その住居の東には平面が円形のカマド屋（かまどを備え付けた建物）があります。カマド屋の東には高床倉庫が二棟あります。

興味深いのは、母屋の北側にある長方形の建物です。建物には間仕切りがあって五つに分割され、その前に溝が掘られています。溝から採取した土を検査すると、牛の排泄物が検出され、牛小屋と判断されました。したがって、この屋敷では牛が五頭いたと推定できます。

生け垣の外には、この屋敷地のものと思われる一辺九メートルの竪穴式建物と、高床倉庫、平地式建物二棟があります。また畑と水田が生け垣の周囲に見つかっています。畑は一区画一×三メートルの長方形二十数面のものが二カ所、水路一本が見つかっています。

遺跡の東では、馬を囲った柵や馬の蹄《ひづめ》の跡が見つかっており、馬の放牧地があったと推定されています。

この黒井峯遺跡からわかることは、六世紀には屋敷地を築き、平地式住居に住み、小さいながらも倉庫をもち、牛を使った農業を行った農民がいたということです。すべての農民がこのような生活を獲得したわけではありませんが、農民の生活の向上がはっきりとわかります。

村落内にも階層分化

黒井峯遺跡の他の屋敷地は、この例よりも少し小さいです。牛小屋や高床倉庫はどの屋敷地にもあるわけではありません。高床倉庫と家畜をもつ、先に述べた西組地区の屋敷地に住んだ農民は、この村では上位階層の指導的な有力農民と考えられます。六世紀の村落内の階層分化が見てとれます。

黒井峯遺跡は台地の上にあるため、畑のほうが水田より広い面積を占めます。台地の上では畑を、台地の下の水が湧く場所では水田を営んでいます。畑ではアズキが見つかりました。

三ツ寺居館と黒井峯村落という二つの遺跡を比較することによって、古墳時代社会の仕組みの一端にふれることができます。広大な居館を構える有力首長の屋敷と一般農民の屋敷が、一つの地域社会に共存しているのです。その上、一般農民の住む村落内でも、リーダー格の家とその他の農民との間に階層が生じています。また三ツ寺居館敷地内の竪穴住居は工房とも考えられますが、首長に奉仕する家人や奴婢《ぬひ》の住居の可能性も大いにあります。このような、階層分化は群馬県だけの現象ではありません。六世紀になると、畿内でも平地式住居群のなかに少数の竪穴住居が伴う場合があり、奴婢などの隷属民の住居と推定できるからです。

このように、大王、有力首長、首長、有力農民、一般農民、隷属民といった階層分化が生じていることが、集落のありようから推定できます。

租税と大型倉庫

階層分化が生じると、租税と賦役労働が始まります。租税の発生は、首長居館と一般集落の倉庫の規模や数、倉のあり方などを比較し、一般集落の共同蓄稲か税による蓄稲かを区別することでわかります。また賦役については、巨大古墳の造営や水利土木工事に投入された労働力の推計を通じてその存在を推定できます。

古墳時代には、一般集落の倉庫の他に、首長居館にはひときわ大規模な高床倉庫が必ず付随しています。首長居館にある巨大な建物や濠は個人の力では築けませんし、巨大な倉庫に積み込む米も個人の力だけでは到底収穫できない量で、居館は租税の前提なしには生まれ得ないものですから、これらの大型倉庫は租税の存在を示していると考えてよいでしょう。

その上、この倉庫群に収納された内容物は米ばかりとは限りません。布や塩あるいは鉄素材や武器をも想定できます。もし米以外の品物が含まれていたとすれば、倉庫に収納された内容全体の財貨としての価値は、米のみの場合よりは高くなります。

図 4-8　大阪府法円坂遺跡の復元倉庫

大阪府法円坂遺跡では、奈良の正倉院の倉に匹敵する一辺約一〇メートルの巨大倉庫が一六棟も並んでいました(図4-8)。五世紀後半のものです。もし仮に、米ばかりが籾《もみ》の形でバラ積みされたと仮定すると、法円坂遺跡の倉庫では、三万七〇〇〇石分の米を収納できます。四トントラックで一五〇〇台分となる計算です。五世紀は河内に倭政権の政治中枢があった時代です。したがって、河内に近い地のこのように巨大な倉庫群は、政権中枢の役所機構の一部と考えられます。

ところでこの収納米を栽培する耕地は莫大な広さとなります。奈良時代の収穫率は一反あたり二・八斗〜九・五斗と正税帳(税収等を記した各国の役所の帳面)にあるので、五世紀における稲の反あたり収量の平均を高めに見積もって七・五斗と仮定すれば、三万七〇〇〇石の米を収穫するには、四九〇〇町歩(一町歩は一ヘクタールとほぼ同じ広さ)の水田が必要です。収穫物をすべて差し出せば農民が餓死しますから、奈良時代と同じく税率を三パーセントとすると一六万町歩、一〇パーセントとすると四万九〇〇〇町歩の水田が必要です。税率を最高値一〇パーセントとみても、一〇世紀の「摂津国輸租帳」の総田数約一万二五〇〇町歩の四倍に匹敵します。ただしこれは一年分の上納分のみとした場合の計算ですから、実際には何年かの蓄稲を考えるべきでしょう。

法円坂遺跡の倉庫群は規模が大きいだけでなく、建物の主軸線を真北とする高度な測地術を採用しており、渡来系工人の動員を含め、当時としては最高水準の技術を駆使しえた大王権力に関わるものでしょう。

また和歌山県鳴滝遺跡の倉庫群の推定総容量は約一万石ですが、これまた建築技術の高さと

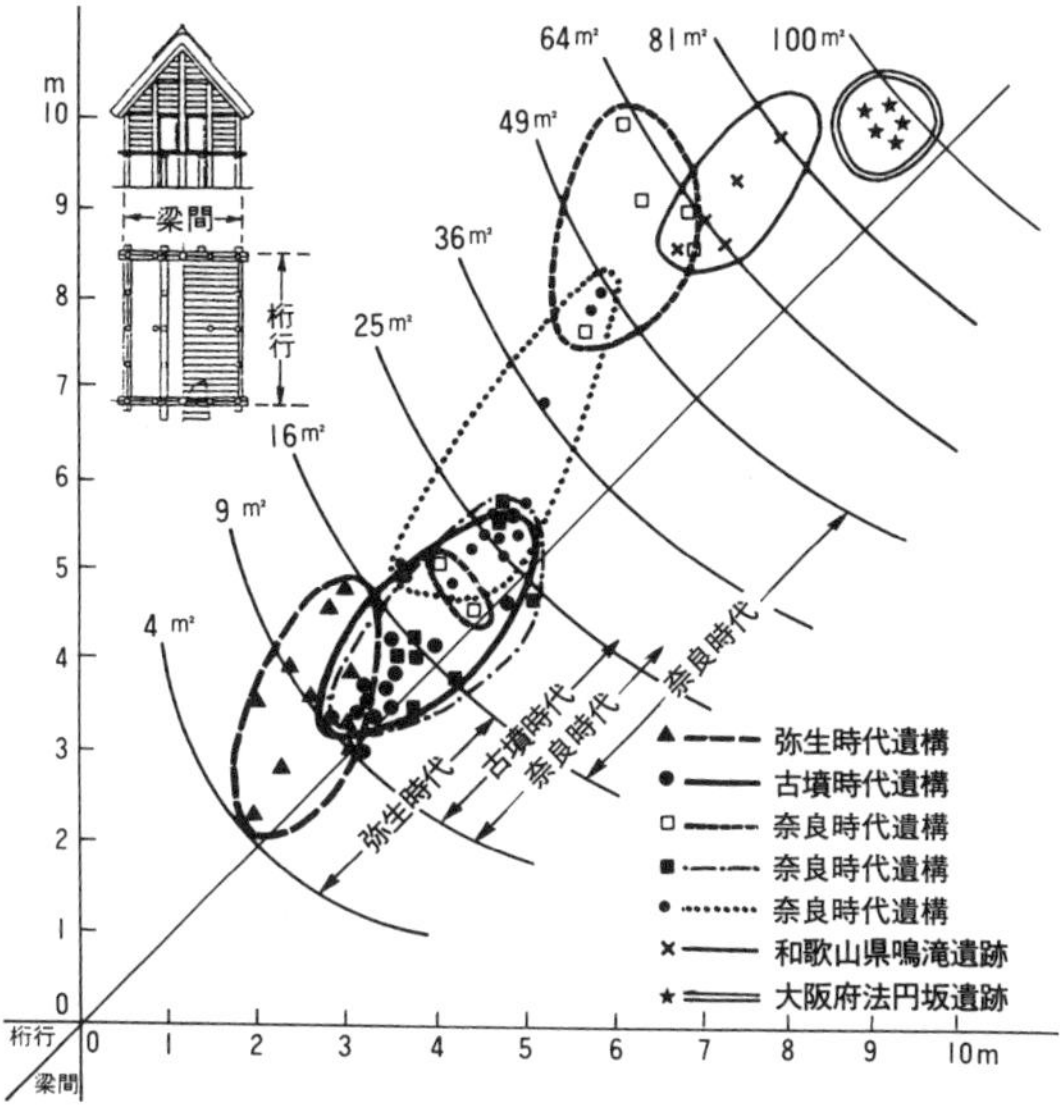

図 4-9　高床倉庫の規模の変遷

いい、紀の川の河口に近い立地条件といい、大王権力あるいは『日本書紀』に伝える有力首長紀氏との関係が推定できます。

首長の倉庫と農民の倉庫

さて、この法円坂遺跡や鳴滝遺跡の倉庫は王権に所属しますが、群馬県原之城遺跡の首長居館の倉庫群など、各地の有力首長層もまた蓄稲収納用の大型倉庫群をもっていました し、また先に見た一般農民の屋敷地も倉庫をもっていました。これらの事実から考えると、法円坂遺跡や鳴滝遺跡の王権にかかわる大型倉庫、そして地方首長の居館の大型倉庫群は、共同体全体のための収穫物を収納する倉としてではなく、税として集めたものを収納する倉と考えるのが妥当でしょう(図4−9)。

佐賀県吉野ヶ里遺跡の弥生時代の環濠集落にも多数の高床倉庫群が発見されていますが、これは環濠集落のもつ性格から、集落全体の共同蓄稲と推定できます。しかし環濠集落は紀元前の末に解体し、首長居館が独立する三世紀以降は、一般農民の屋敷地の倉庫と、首長の屋敷地の倉庫との役割の分裂が生じたのです。一方は農民のための倉庫、もう一方は農民から収奪するための倉庫です。

賦役労働の萌芽

次に賦役ですが、前方後円墳の築造や、大規模な灌漑用水路の造成には農民が動員されました。これらの事業は、賦役なくしては到底成し遂げられない莫大な労働力が投入された仕事です。これは、奈良時代の律令制国家が実施した歳役《さいえき》や雑役《ぞうやく》などの賦役労働の萌芽と考えてよいでしょう。

たとえば古墳時代初期の三世紀末から四世紀初めの石川県の万行《まんぎょう》遺跡では、巨大倉庫が六棟見つかっており、それらの倉庫の平面積は一四八〜三二〇平方メートルの巨大な規模です。同じく古墳時代前期で四世紀の茨城県の国生本屋敷《こっしょうもとやしき》遺跡では、八〇×七六メートルの屋敷地が、六世紀の奈良県南郷《なんごう》遺跡では一五・二×一四・五メートルの居館が、六世紀の群馬県原之城遺跡では一五〇×二一〇メートルの屋敷地が、五世紀の大阪府法円坂遺跡では九一～九六平方メートルの倉庫一六棟が、五世紀の和歌山の鳴滝遺跡では平面積五八～八〇平方メートルの倉庫七棟、といったように、古墳時代には大規模な工事が多く行われます。この他にも大阪の古市《ふるいち》大溝《おおみぞ》は、幅八メートル、深さ四メートルの大規模な濠が長さ四キロメートルにもわたって続いています。群馬県の三ツ寺遺跡でも、唐沢川を長さ四キロメートルにもわたって河川の掘削や付け替えまでも行い、台地を開拓して農地を広げ、台地上の農地に灌漑用水を送っています。この莫大な労働を必要とする工事は農民の賦役なしにはなし得ないものです。

大仙陵古墳の円筒埴輪は、少なく見積もっても二万個を越えると梅原末治氏は推定しています。この埴輪を製作して一つ一つ焼くのは専業集団だったとしても、古墳の上まで二万個以上の埴輪を運ぶのは、農民でしょう。また梅原氏は葺き石を運ぶのにトラックで数千台を要するとしています。

石川昇氏は、河内の古墳築造だけで、のべ一五〇〇万人が動員されたと推定しています。王権にかかわるこのような巨大な前方後円墳だけでなく、地方にも巨大な古墳が数多く築かれ、農民が動員されました。

古墳時代の社会は、このように、農民から租税を集め、農民を賦役労働にかりだす首長と、租税を納め賦役労働にかりだされる人に分かれた時代です。それは明確な階級社会といえるでしょう。

2　支配組織の整備

稲荷山古墳の鉄剣

社会の階層分化が生じ、中央権力が膨大な人々を支配するようになると、階層社会全体を効率よく合理的に動かし維持するための専門集団である官僚制の整備が必要になります。この官僚制の芽生えは、「記紀」の研究から解明され始めていましたが、古墳から出土した刀の銘からもその存在が証明されたのです。

一九七八年九月、埼玉県稲荷山古墳出土の鉄剣に一一五文字の銘文のあることが公表されました(図4－10)。文献のない古墳時代の文字資料の発見ということで、新聞の一面に大きな見出しで取り上げられ、テレビの画面に人々は釘づけになりました。今振り返ると、この鉄剣銘文の発見が五世紀の、そして古墳時代の研究に与えた影響の大きさが改めてよくわかります。

銘文の冒頭には干支表記(十干と十二支を組み合わせた六十進法で、年月日、時、方位を表記するもの)で「辛亥年《しんがい》」とありますが、これを四七一年と解釈することで研究者は一致しています。

銘文には、剣を作らせたオワケノオミが祖先から八代にわたって「杖刀人首《じょうとうじんのおびと》」として大王に仕えた来歴が記されています。杖刀人とは、天皇の身近で護衛を務めた、のちの舎人《とねり》のような親衛軍のメンバーと考えられています。首《おびと》はそのリーダーです。銘文を訳すと「辛亥の年七月中に記す。オワケの臣、その祖先の名はオホヒコ、その児はタカリのスクネ、その児の名はテヨカリワケ、その児の名はタカハシワケ、その児の名はタサキワケ、その児の名はハテヒ、その児の名はカサハヨ、その児の名はオワケの臣、代々親衛隊の頭となって仕えてきて今に至る。ワカタケル大王(雄略大王)の寺がシキ宮に在る時、大王が天下を治めるのを助けたのを記念してこの刀を作り来歴を記した」となります。

　これは雄略大王が活躍した五世紀の後半に、後の王の身辺を警護する舎人に似た軍事組織があったことを示します。

　また、この銘文の重要性に気付いて、熊本県江田船山古墳から出土していた大刀の銘文も再検討されました。そして同じく雄略大王の時代のものと判定されたこの大刀に記された、ムリ

図4-10　埼玉県稲荷山古墳出土の鉄剣

テという名の「典曹人《てんそうじん》」は、文官であると解釈されました。とすれば雄略大王の政権は文官と武官の制度をもっていたことになります。

また、一九八七年には五世紀半ばの千葉県稲荷台《いなりだい》一号墳出土の剣にも銘文のあることが判明しました。断片的にしか読めませんが「王賜」と「此廷(刀?)」の文字は重要です。王から下賜された刀を意味するからです。東国の首長が五世紀半ばに中央権力から剣を与えられたことを推測させる資料です。雄略大王以前の稲荷台一号墳の主も、大王から刀を下賜され、中央政府の軍事関係の仕事に関わっていた可能性があります。であれば、舎人に似た軍事組織は、雄略以前から既にその制度があったのでしょう。

軍制と官人制の整備

杖刀人にせよ、典曹人にせよ、「人」がついています。かつて直木孝次郎氏は、「文人《ふひと》」「倉人《くらひと》」「酒人《さかひと》」など「記紀」に記された「人制《ひとせい》」を初期の官人制と理解しました。そしてこの制度が遅くとも六世紀には存在したと、直木氏は早くから指摘しましたが、稲荷山古墳の鉄剣銘文の発見によって、さらにそれが五世紀後半にまで遡ることが証明されたのです。

人制の「文人」は文書の作成と管理、「倉人」は租税や兵器の出納管理、「酒人」は酒造りとその管理ですが、『日本書紀』に記される人制には、この外にも多くの職種が記載されています。『日本書紀』は、部民《べみん》制についても記録しており、「史部《ふひとべ》」「馬飼部《うまかいべ》」「陶部《すえべ》」など多くの「部民」が記されています。人制は部民制より古い形の官人制です。

稲荷山古墳の鉄剣銘文では、オワケノオミは、自分の家系が杖刀人首として八代続いてきたと主張しています。それが事実なら、この杖刀人首の職掌は五世紀の後半になって初めてできた制度ではないでしょう。先に述べた千葉県稲荷台一号墳出土の剣に記された銘も、官人制の萌芽を窺わせますが、この古墳は、雄略大王以前の五世紀半ばに位置づけられているのです。

倭の五王の使節が五世紀の初頭から頻繁に中国に派遣されたことを見ても、外交文書の作成管理の仕事をはじめ、様々な職掌を担う官人制は不可欠であり、この制度は五世紀後半より早くからあったと考えなければならないでしょう。

また先に述べたように、租税や兵糧を収める五世紀初頭の巨大な倉庫群が発掘で見つかっていますが、巨大倉庫が大王権力や有力首長の祭り事を行う地にあることから、この倉庫は大王個人の倉庫ではなく、祭り事に組み込まれた倉庫であり、貯蔵品の計画的な搬入、分類、保存、搬出等、倉庫の管理にあたる専門家である官人の存在なしにはすでに運営できなかったと推定します。

急進的な中央集権政策

稲荷山古墳や江田船山古墳の刀剣銘文、古墳における整備された大量の武器や武具のあり方、東アジアの国々との公的な交渉の必要、巨大な倉の運営などから、五世紀には、軍事制、官人制とともに整備されつつあったことがわかります。さらに「記紀」に記載された雄略大王関係の記事から、この時期に雄略大王が中央集権的な体制を急速に整えようとした様子が窺えます。

古くからの強大な地方権力である吉備が雄略大王に反抗し鎮圧された、五世紀後半の「吉備の反乱」を「記紀」は伝えています。新納泉氏は、雄略朝期の変革の第一のねらいを、「強力な瀬戸内ブロックに打撃をあたえることによって、日本海・東海ブロックや、東国ブロックとの力の均衡を図ることであった」と捉えています。

もしそうであれば雄略大王は、とくに強力な地方権力を潰して、中央政権が自由に扱える均質な地方権力をつくろうとしたのでしょう。さらなる中央権力の成長を目指した中央政府は、軍事制や官人制で支配組織を整備強化し、地方権力と衝突を繰り返しながら首長連合体制を切り崩していきます。その結果、五世紀の後半、雄略大王に反抗した首長系譜は没落し、地域の支配者が交代します。これが五世紀後半に起きた二回目の広範囲の政治変動だと私は考えています。

さて、この五世紀後半に断絶した首長系譜の多くは、五世紀前半には河内を拠点とする政権中枢と親密な関係にありました。これら断絶した首長系譜の多くは、河内の誉田御廟山古墳や和泉の大仙陵古墳の墳形と同一設計の相似的な古墳を築きましたし、鉄器の多量埋納や埴輪の製作技法においても、五世紀前半の河内の巨大前方後円墳と多くの要素を共有しました。まさに、これら断絶した系譜の主は、将軍の名を下賜された「倭隋ら十三人」や「軍郡二十三人」と『宋書』が伝える、倭の五王時代前半期の有力首長連合体制を支えた首長たちだと思います。

強大な地方権力吉備氏の反乱は、連合体制を解体し、権力を政権中枢に集中しようとする雄略大王への抵抗と考えることができます。

覇権拡大と流通網整備

この五世紀は、前方後円墳の分布が最も拡大した時期でもあります。東北の岩手県角塚古墳と九州の鹿児島県の唐仁古墳群と塚崎古墳群が、前方後円墳分布域の北端と南端とにあたります。このうち、角塚古墳は平安時代に辺境支配の城柵がおかれた胆沢《いさわ》城に近い場所であることは興味深いです。すでに古墳時代から中央の権力がこの地にまで及んでいたのです。

さらに注目されるのは、大阪府陶邑窯跡群《すえむらかまあと》で生産された須恵器が、前方後円墳分布域の北端と南端にまで運ばれていることです(図4-11)。須恵器は、四世紀末に朝鮮半島から製作技術を学んで作成した上質の器で、高い焼成温度が必要なので、特別の専門集団にしか作成できま

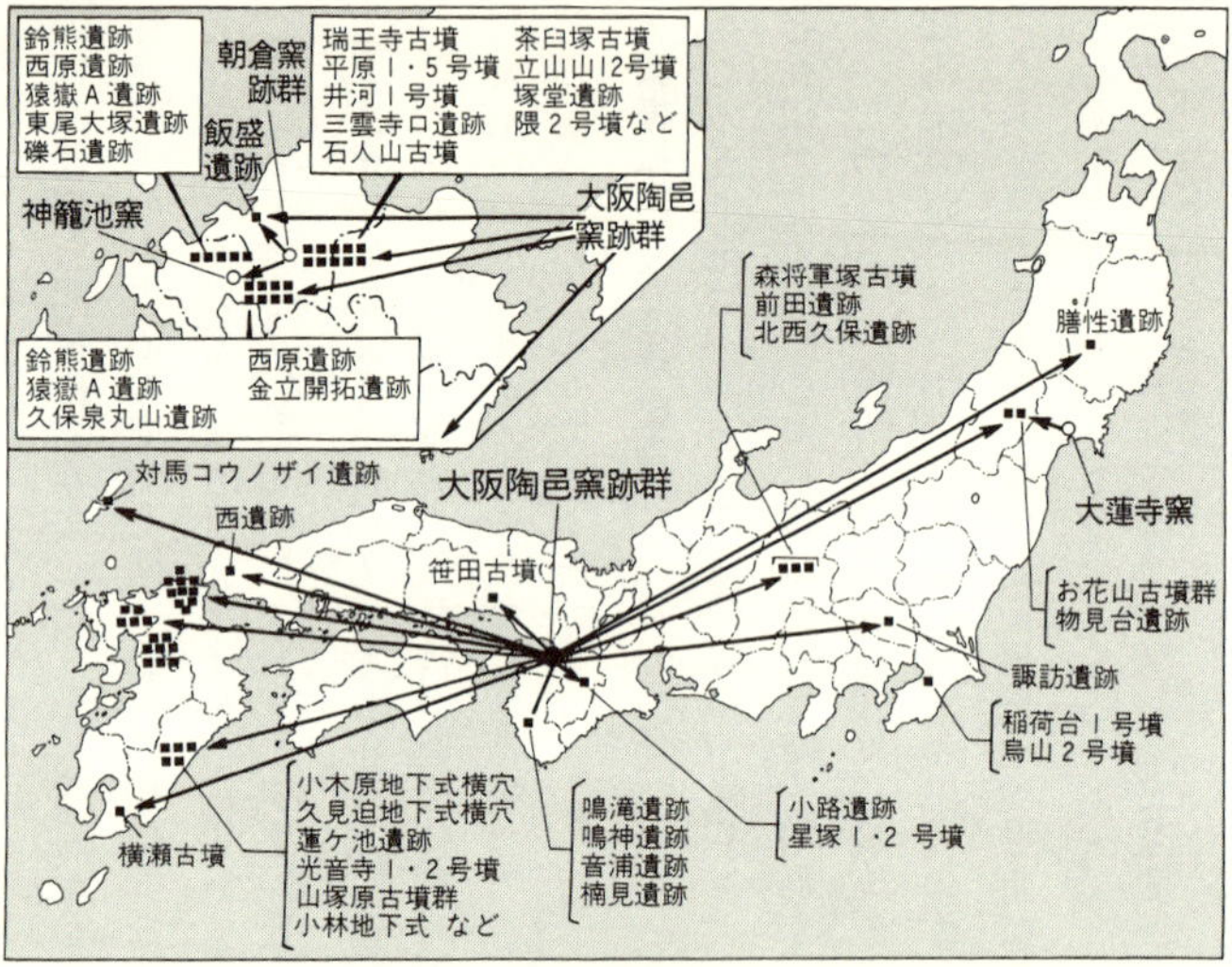

図4-11　陶邑窯産の須恵器の流通(三辻利一氏原図)

せん。須恵器は古墳のみならず、集落遺跡でも出土します。当時の辺境ともいうべき地にまで前方後円墳が築かれただけでなく、須恵器という日常容器の流通圏の先端がここまで届いているということは、中央権力の及んだ地には、文化的経済的な影響力が生活の隅々にまでゆきわたっていたことを窺わせます。同じ流通網に乗って鉄素材や鉄器などの必需品もまた運ばれたことは間違いありません。

韓国の「前方後円墳」

日本の中央権力が力を増すと、朝鮮半島にまで力を及ぼすようになります。日本文化が朝鮮半島に影響を与えた跡が、考古学の上でも明らかになっていますが、それは同時に、日本が朝鮮半島から受けた影響をも示しています。

朝鮮半島南西の栄山江《えいざんこう》流域に一三基の前方後円墳があります(図4－12)。前方後円墳の特異な墳形は日本で生まれ発達したものですから、この前方後円墳の存在そのものが、朝鮮半島と日本の深い交流を示しています。古墳には倭の製作技法に似た円筒埴輪をもつものまでありま す。古墳から出土する土器は陶質土器(朝鮮半島の土器)です。

日本と朝鮮半島の交流に詳しい韓国の研究者朴天秀《パクチョンス》氏は、この一三基の古墳は、墳形、石室、副葬品などからみて倭の墓であること、一時的に百済の統治機構が崩れた六世紀前半の限定された時期に築かれていること、古墳は「一つの盆地と水系に一基ずつ」しか分布していない上に、それぞれの石室の系譜が異なっており、個々の古墳の関連が見られないこと、古墳群を形成していないことなどから、百済がこの地域の在地勢力を牽制し、統治するために栄山江流域に派遣した倭人の墓であると考えています。

そして、一三基の古墳の「被葬者は、百済王権に臣属しながら、百済王権と大和王権との間の外交に活躍し、欽明期(六世紀中頃)にみられる倭系百済官僚(倭の血筋をもちながら百済の官僚になった人)の原型」であると、朴氏は説明しています。

一三基の古墳は百済の武寧《ぶねい》王の時代に築かれており、武寧王の棺が日本の高野槇《こうやまき》でつくられたことを考えると、継体王と武寧王の密接な連携関係が窺われます。朝鮮半島の前方後円墳に

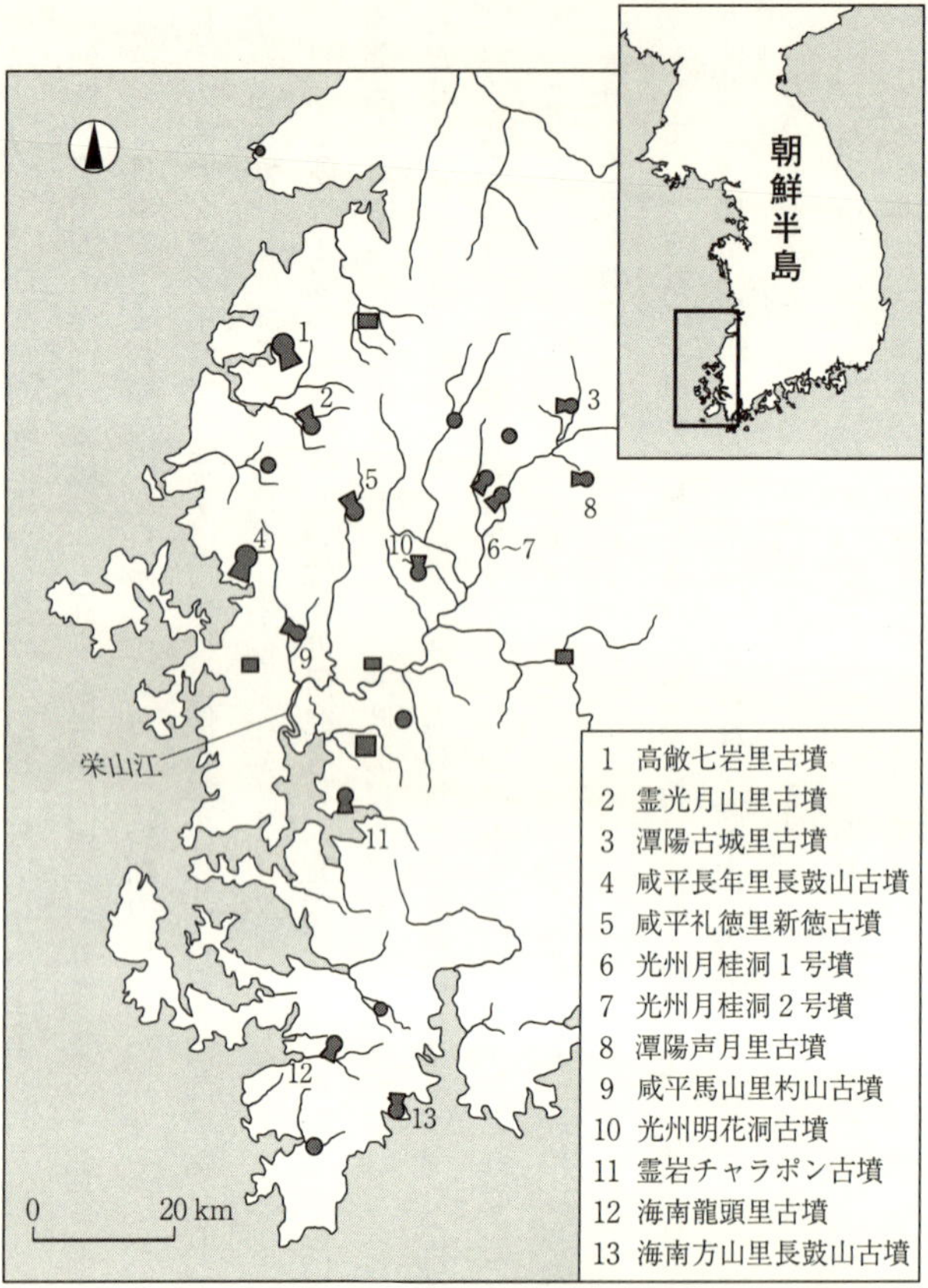

図 4-12　韓国栄山江流域の前方後円墳

見られる、六世紀前半の百済と倭との親密な関係は、百済が倭の力を必要としており、倭が百済の力を必要としている関係のなかで生まれたと、韓国の研究者禹在柄《ウジエビョン》氏はのべています。

朝鮮半島の南西岸に位置する全羅北道竹幕洞《チクマクトン》遺跡では、日本製の滑石製の祭器が多数発見されました(図4–13)。この滑石製の祭器は日本列島でも多く出土するものです。竹幕洞遺跡は、玄界灘の安全航海を祈願した祭祀遺跡である福岡県沖ノ島遺跡と似た性格だと考えていいでしょう。竹幕洞遺跡で祭祀に関わったのは倭人か、あるいはそれと親しい関係にある在地の人と思われます。この遺跡の立地は、使節が倭から百済や中国南朝に派遣される際通過する中継地にあたります。このような日本との深い関連を示す大陸の遺跡を見ると、東アジアの動向は、国家形成期の日本の政局にたちまち大きな影響を与えたことでしょう。

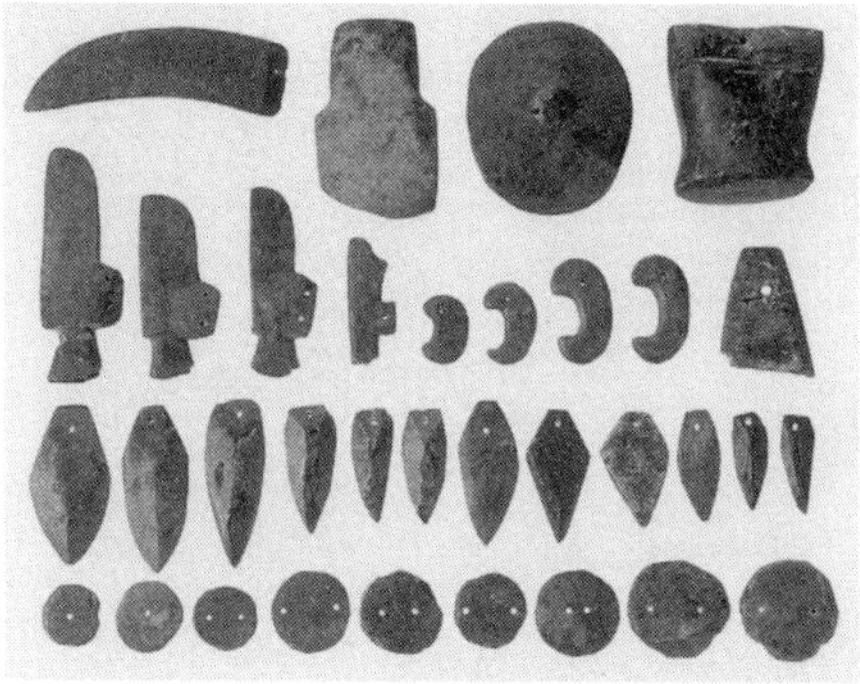

図4–13　韓国竹幕洞遺跡出土の滑石製祭器

日本と東アジアの関係に関しては、日本と朝鮮半島との交流が四世紀半ば以降急速に拡大したこと、その結果中国と交流してきた大和の勢力が、中国の弱体化と同時に衰退したことが、さまざまな状況から推定されています。

福永伸哉氏は、日本製の筒形銅器と巴形《ともえがた》銅器が、朝鮮半島南部の首長墓からも四世紀半ば以降出土することに着目し、四世紀半ば以降、倭の中央政権の交流先が中国から朝鮮に移ったという推定にもう一つの論拠を加えました。

匈奴《きょうど》などの進攻によって、朝鮮半島を支配した中国の力が弱まると、朝鮮半島の各地で国家形成の動きが活発化しました。朝鮮半島南端の加耶は日本と深く交流した地域ですが、加耶でも五世紀に国家形成へと急速な動きがありました。この動きは中央集権を進めようとしている日本の中央権力に大きな刺激を与えたに違いありません。

中央集権を押し進めた雄略大王、ついで継体大王の朝鮮進出と交流が、朝鮮半島の一三基の前方後円墳の造営につながったと見てよいでしょう。

雄略大王が取り入れた官人制は成熟した国家にとって不可欠な組織ですが、倭王権と百済の関係から見て、雄略大王はその制度を百済から学んだと考えるのが妥当でしょう。雄略大王の官人を埋葬したと推定される江田船山古墳には、百済系の装身具が副葬されていましたし、百済で最強の力を誇り、五二三年没した武寧王の木棺は、先に述べたように日本の高野槙でつくられていました。高野槙は中国にも朝鮮にも自生しないので、日本から木材が渡ったものと考えるのが妥当です。

中国や朝鮮半島など東アジアの動向を知り、日本の雄略大王、継体大王の韓国への進出を知ると、日本の国家形成に東アジアの動向が大きく影響したことが理解できます。

継体大王と磐井の乱

雄略大王の政権は官人制を整備することによって中央政権の政治力と軍事力を高め、その力を基礎にして有力首長連合体制を弱体化し、日本列島の南北端と朝鮮半島に対する覇権をさらに拡大しました。

ところが、急激な集権化の反動で、雄略大王亡きあとの六世紀前半に古墳の系譜は揺り戻しを受け、五世紀後半断絶した系譜が多く復活します。

『日本書紀』には継体大王の代に起きた磐井《いわい》の乱について記述されています。「五二七年六月朝鮮半島に出兵しようとした中央軍、近江毛野《おうみのけぬ》が率いる六万の兵を筑紫国造磐井が阻んだ。翌五二八年一一月中央軍が派遣され、磐井は激しい戦いの末鎮圧され殺された。同年一二月磐井の息子葛子《くずこ》は連座を逃れるため糟屋屯倉《かすやのみやけ》を差し出した。五二九年三月中央政権は、再び近江毛野を任那《みまな》に派遣した」というものです。こうして継体大王は朝鮮半島に一三基の前方後円墳を築かせるほどの影響を与えました。

同じように中央集権を目指した雄略大王と継体大王の支持勢力が異なることについては、どのように解釈すればよいのでしょうか。中央集権化に反動の嵐が吹き荒れたにせよ、東アジアと対等に渡り合っていくには、中央集権の流れを押し進めるしか方法がなかったのです。文献史学の喜田貞吉氏や林屋辰三郎氏は、継体大王の家系が雄略大王の家系と異なると解釈しています。「記紀」によると、継体大王は北陸から京都南部の綴喜《つづき》に移動し、そして大和に移って大王についたとあるので、河内で続いた雄略の系譜を継いでいないのでしょう。

3 前方後円墳の終焉

横穴式石室と群集墳の急増

古墳時代後期の六世紀になると、小さな古墳が多数群集する墓地が激増しますが、これを群集墳と呼んでいます。直径一〇〜二〇メートル程度の小さな円墳が山麓や、山間の谷間の斜面に並びます(図4-14)。群集墳の大規模なものでは三〇〇基を超えるものもあります。

群集墳は横穴式石室で、遺体を石室に直接納めるのが普通ですが、なかには木棺に入れて納めたものもあります。横穴式石室は、福岡県の老司《ろうじ》古墳や鋤崎《すきさき》古墳のように四世紀末に採用された地方もありますが、埋葬施設として一般化するのは六世紀です。

横穴式の墓室は、そもそも中国の漢代に生まれ発達したもので、死者が来世の生活を営む場を重視する思想にもとづくものでしたが、この思想は前方後円墳成立期の日本の社会には定着せず、古墳時代後期になって渡来集団が新たにもたらしたものが日本に受け入れられ広まったのです。広い石室をつくって来世の家とすること、須恵器や土師器《はじき》などの食器や祭器を副葬することなども、この思想に根ざすものです。

家族墓が集合した同族墓

図 4-14　横穴式の群集墳(神奈川県桜土手古墳群). 丸い部分が古墳. 方形は発掘範囲, 古墳の入り口から中央に至る通路が見える

竪穴式石室など古い時期の埋葬施設が、一度葬ると二度と開けることのできない密封形式だったのに対し、群集墳に用いられた横穴式石室では、入口の閉塞装置を取り除くことによって後からの追葬が可能です。竪穴式は、墳頂を掘り窪めて、そこに石室を組み立て、その上を巨大で平らな天井石でふたをし、石室の上を土砂で覆うものですが、横穴式は、大きな石室を築き、側面に入り口をつくります。

横穴式石室の場合は、普通一家族の主である家長が死ぬと墳丘と石室をつくり、その後入り口の石の扉を開けて、同世代の家族全員を同じ石室内に追葬します。次の世代の家長はその傍らに、別の墳丘をつくって横穴式石室を築きます。こうして、二、三世代の家族墓が隣接して並ぶことになります。多くの家族の同族墓が何世代もかけて集合すると三〇〇基もの群集墳になるわけです。

群集墳とは、このような何世代かの家族墓が集合したものですから、同族墓の集まりといってよいでしょう。大規模な群集墳を構成する個々の古墳を比較すると、墳丘や横穴式石室の規模や、馬具や刀剣など副葬品の豊かさに格差があります。同族墓を営める人たちのなかにも、大きな墳丘と大きな石室を築造し、豊かな副葬品をもつ人から、小さな墳丘と小さな石室に少ない副葬品といった墓まで、階層的な分化が広がっていることがわかります。

親族関係を探る方法

家族墓といえば、複数の被葬者はどんな関係だったのか気になりますが、この分野にも、困難を克服して画期的な方法が開拓されつつあります。

被葬者の親族関係は、今まで推測に頼っており、男女のペアなどは夫婦と捉えられがちでした。この埋葬の決まりごとを探るとか被葬者の関係を探る方法に、科学的な方法が取り入れられ、新しい事実が明らかにされつつあります。

人骨の分析から被葬者の親族関係を探ってきた田中良之氏は、九州から中国地方の群集墳と古墳の人骨の歯冠計測値(歯の幅や厚みなど)を援用して、弥生時代終末期から古墳時代に合葬される人間の関係を探ってきました。そして弥生時代終末期から五世紀までは、墓や古墳に合葬されるのは兄弟姉妹だけで(キョウダイ原理)、配偶者は含まれないことを明らかにしました。また墓をつくる契機となった初葬者(家長)は、五世紀まで男女ほぼ同じ(双系制)であるが、五世紀後半になると、造墓権は男性のみになることを指摘し、五世紀後半からこの父系化の流れが支配層と農民層で始まっていること、しかし家長の子供であれば、男女共に埋葬が認められることから「典型的な父系社会とも異な」り、「前代の双系的性格を残している」と指摘しました。そして夫婦合葬は六世紀からとしています。

また清家《せいけ》章氏も歯冠計測値と頭蓋の小変異(遺伝性が高い)を援用して、近畿の古墳被葬者の親族関係を追究し、古墳時代を通じてキョウダイ原理の埋葬が行われている可能性があるとしました。また前期から中期では初葬者の男女比に差がないので、家長の継承も男女差がないが、古墳時代後期になると男性家長の割合が増加し、父系化が進行するものの、後期になっても女性家長がある一定の割合をもつので、古墳時代には父系化は貫徹していないとしました。

古墳時代が双系制であるとする説は、古代律令制国家が双系制とする通説とうまくつながります。古墳時代開始期に男系世襲制が成立していたとする小林行雄氏の説から、古墳時代は父系制の社会と考えられてきましたが、田中氏と清家氏の説を参考にすれば、古墳時代は今まで考えられていたよりも女性が社会的に活躍した社会であったことがわかります。

有力氏族による同族編成

ところで、新しく生まれたこの群集墳には、誰が葬られたのでしょうか。

大規模な群集墳の場合、文献史料に残る氏族伝承とつきあわせると、同族集団の名前が推定できるものがあります。たとえば和歌山市の岩橋千塚《いわせせんづか》古墳群は紀氏の同族墓であり、大阪府八尾市の高安千塚《たかやすせんづか》や柏原市平尾山千塚《ひらおやませんづか》は、支配領域からみて物部氏の同族墓でしょう。

家族集団の墓が集合するという現象は弥生時代からあり、古墳時代まで続いています。方形だけ、または円形だけの低い墳丘墓が群集する弥生時代の共同墓地も同族墓でした。しかし、弥生時代の同族墓は、どの集落にも付随しているのに対し、六世紀の同族墓である群集墳は、分布に偏りがあり、集落があっても必ず群集墳があるわけではありません。

たとえば、京都府南部を例にとると、京都市右京区の嵯峨野に群集墳が多数ありますが、これは新興の渡来系氏族である秦《はた》氏の本拠地の同族墓です。これに対し木津川右岸の城陽市、宇治市には多くの集落があり、四～五世紀には多くの大型古墳が築かれたにもかかわらず、大規模な群集墳はありません。つまり、群集墳は誰でもが築造できるものではなかったことがわかります。

かつて群集墳は、首長層のみならず有力農民も墓づくりができるようになったことを示すものと説明されました。つまり、それまで顕著な墓を営めなかった農民が台頭してきて群集墳が生じたという解釈が通説でした。しかし有力農民の小型墳丘墓は、古墳時代の初めから存在していたのに対し、群集墳は、九州では四世紀末、近畿では五世紀半ばから生まれたものです。群集墳が社会全体に広がったのであれば、群集墳の出現は一般的な社会関係の変化を示すものですが、群集墳の分布が偏在するということは、一般的な社会関係の変化ではなく、政治的意味を帯びた事象と考えることができます。つまり、群集墳は物部氏、蘇我氏、紀氏、秦氏のような、六世紀代において力をもっていた有力氏族の傘下に入り、その同族と認定された者だけが築造できたのです。また有力氏族は自らの勢力を拡大するために、多くの集団を同族に囲いこもうとしました。群集墳の墓域の大きさと古墳の数の多さは、結集できた集団の多さを示しますから、有力氏族の権力を誇示する新しい手段となったのです。

前方後円墳の変質

六世紀に入ると前方後円墳の性格は大きく変貌します。典型的に前方後円墳祭式を体現する大規模な前方後円墳の場合、五世紀までは、墳丘にしつらえた三つの段と納棺の場である墳頂部の広場に、埴輪を華やかに立て並べ、「職業集団が芸能をもって、正しく場を与えられて配置され、また掌膳《かしわでのじょう》集団が歌舞」して執り行われました(水野正好氏)。ここでは、亡くなった王の霊を次の王が引き継ぐ、王権継承儀礼が執り行われたのです。しかし権力を獲得した六世紀の首長層には、前方後円墳で行われる華やかな王権継承儀礼のもつ意味は、権力を維持する上で相対的に低くなっていきました。

その結果、墳丘の三つの段は二段になり、一度しか使用できない竪穴式の石室から追葬可能な横穴式石室が採用されます。横穴式石室は墳頂ではなく横から遺体を搬入するので、墳頂は、葬儀で重要な場所ではなくなり、墳頂の埴輪は消えます。そして祭りの場所は、入り口から石室まで続く通路と石室内部に移ります。

篠川賢氏によれば、六世紀に入ると、首長は中央政権の設けた地方行政組織の長である国造《くにのみやつこ》に任命され、前方後円墳祭祀による権力の継承は次第に意味を失い、畿内では前方後円墳は急速に減少していきます。軍事権や裁判権を備えた国造制は次第に整えられ、六四五年の大化の改新まで続きますが、この制度が全国的に展開し、制度として整えられるのは、西日本では六世紀中頃、東日本ではそれより半世紀ほど遅れました(土生田《はぶた》純之氏)。

しかし六世紀の前方後円墳は、関東では逆に増加します。白石太一郎氏は、「大王墓も含めた畿内の後期の六〇メートル以上の前方後円墳が三九基にすぎないのに対し、関東地方のそれが二一五基を数える」とし、さらに、群馬県の上毛野では、奈良時代の古代国家の行政単位である郡より小さい単位ごとに前方後円墳が営まれていることを指摘しています。

六世紀後半の関東の首長墓の動向を、甘粕健氏・小宮まゆみ氏は、関東は西より遅れて古墳が消滅するという一般的な流れだけではなく、近畿の中央政権が関東の首長層の支配体制を意図的に温存して、その軍事力を利用する政策をとったためと説明しています。

地方首長層は軍事力を組織しており、中央は必要なときに地方の軍を中央の組織に組み込みましたが、新納泉氏は、このような軍事的な仕事にとくに深く携わる首長に中央政権が手渡す装飾太刀の分布が、六世紀末を境に東国に重心を移すことを指摘しています。

巨大方墳の登場

六世紀末の奈良県橿原《かしはら》市見瀬《みせ》丸山《まるやま》古墳は、前方後円墳の最後を印象づけるかのように全長三一〇メートルの巨大さを誇ります。しかし、これは例外的な存在であり、畿内では六世紀後半には前方後円墳を営む首長は急激に減少し、その後突然造営されなくなります。

六世紀末に大王クラスの首長墓に起きた変化を見ると、その理由がいっそうよくわかります。大王クラスは自分たちの古墳に、今までの前方後円墳ではなく、大形の方墳を採用したのです。

伝用明陵古墳や伝推古陵古墳など、大阪府の磯長谷《しながだに》にある六世紀末の大王陵は一辺が五〇〜六〇メートルの方墳です。蘇我馬子の墓の伝承がある奈良県石舞台《いしぶたい》古墳も同じく方墳です。この時期に大王に近い権力をもつ蘇我氏や、女帝推古など蘇我氏を外戚とする大王は、前方後円墳を否定して大形方墳を採用したのです。

六世紀後半蘇我氏は、飛鳥の地に石舞台古墳と、氏寺である飛鳥寺を築きました。巨大方墳の採用が北魏の制度の真似と考えてよければ、陵園に仏寺を建立する思想を真似て飛鳥寺を近隣に建立したと考えることができます。五世紀末の高句麗の東明王陵も北魏の影響を受けた方墳であり、仏寺を傍らに築いています。対立する物部氏等から異国の「蕃神」と一度は排撃された仏教祭式は、こうして蘇我氏と蘇我氏が支えた大王一族の制度のなかに定着したのです。

これらの政策の推進に熱心だった蘇我氏と、蘇我氏に支えられた大王たちが、北魏の制度を導入して大王の墓を方墳に変えたということは充分あり得るでしょう。

三世紀半ばに創造された前方後円墳祭式は徐々に変質し、横穴式石室が普及した六世紀にはかなり形骸化しつつも、前方後円墳の墳形の形態はかろうじて維持されていました。しかし、大王陵における巨大方墳の採用は、ついに前方後円墳の築造そのものを否定し去っただけでなく、前方後円墳祭式に代わる新しい支配思想として仏教イデオロギーを取り込んだといえます。関東でも遅れて、七世紀前半に最後の前方後円墳が出現した後、前方後円墳は姿を消します。

利根川沿いの総社古墳群では七世紀後半以降は方墳になり、並行して山王廃寺を建立しています(甘粕健氏)。

五世紀後半は、古墳時代で大きな変革の時期です。これ以降官人制が導入され、支配組織が整備されました。権力集中による首長の指揮権の高まりによって耕地が多く開拓されましたが、同時に租税や賦役労働も増加し、階層の分化はさらに拡大しました。

そのなかで、農民は工夫して生活を向上させてゆきます。

権力の安定に伴って権力継承のための前方後円墳祭式の意味は失われ、前方後円墳祭式に代わって仏教祭式が採り入れられ、古墳は消滅へと向かいます。

第五章　律令国家の完成へ

1　律令国家と都市

徐々に整えられた律令制

初めて律令制が敷かれたのは七世紀の飛鳥京と言われています。律令は中国から伝えられた法規で、律令制国家は律令によって運営される国家です。律は社会を維持するための刑法、令は国家体制を規定する法で、行政法と人民を教化する法からなります。

律令国家の統治組織の特徴は、中央集権的な官僚機構にあります。中央には、一般政務を統括する太政官《だじょうかん》と、神々の祭祀をつかさどる神祇官《じんぎかん》とがあり、太政官には様々な政務を分担する八省をおきました。地方を支配する組織として国と郡と里を設定し、それぞれに国司、郡司、里長をおきました。九州には大宰府をおいて、対外的交渉と地方支配の拠点としています。

軍事制度も整備されました。中央には天皇の身辺と宮城の警備にあたる衛府《えふ》を、地方の諸国には中央で編成した軍団をおき、九州には防人をおいて外敵に備えました。

人民一人一人を掌握するために戸籍をつくり、身分的には良民と賤民とに分け、良民には口《く》分田《ぶんでん》を与える班田収授制《はんでんしゅうじゅ》を施行しました。税制として租庸調《そようちょう》の制度があり、さらに国司と郡司による年六〇日を限度とする労役の徴発というきびしい雑徭《ぞうよう》も加わりました。

統治した領域を見ると、八世紀初頭では五八国三島におよび、南は薩摩国から北は陸奥国までの広大な範囲でした。陸奥の多賀城には鎮守府をおいて辺境支配の拠点としました。

このように、身分制度、官僚制度、国家による土地の占有、軍制から見て、律令国家は古代国家として成熟したものといえます。しかし唐の法を取り入れた日本の律令制は、日本の実情と合わなかったので、飛鳥京から藤原京、ついで奈良の平城京へと都を移す過程で何度も修正され、日本の法として完成されていきます。しかし鈴木靖民氏のように、古代国家の完成をもっと後の八世紀末の平安時代におく考えもあります。つまり六六三年の白村江《はくそんこう》の戦いで新羅と唐の連合軍に大敗したあと、危機感を強めた天智天皇や天武天皇が率いた七世紀後半段階の国家は、軍事国家確立とそれを支えるための支配組織をめざし、唐の律令を模倣して急造したものであり、日本の社会に根づく律令制国家は平安時代に入って確立したという考えです。

飛鳥京は都市か

ここで律令制国家の時代の都市について少しふれておきます。

奈良県橿原市にあった飛鳥京では、都市的空間が形成されていました。ここには推古天皇の豊浦宮《とゆらのみや》や小墾田宮《おはりだのみや》から、天武天皇の飛鳥浄御原宮《あすかきよみはらのみや》に至る十ほどの宮が営まれ、政治センターの

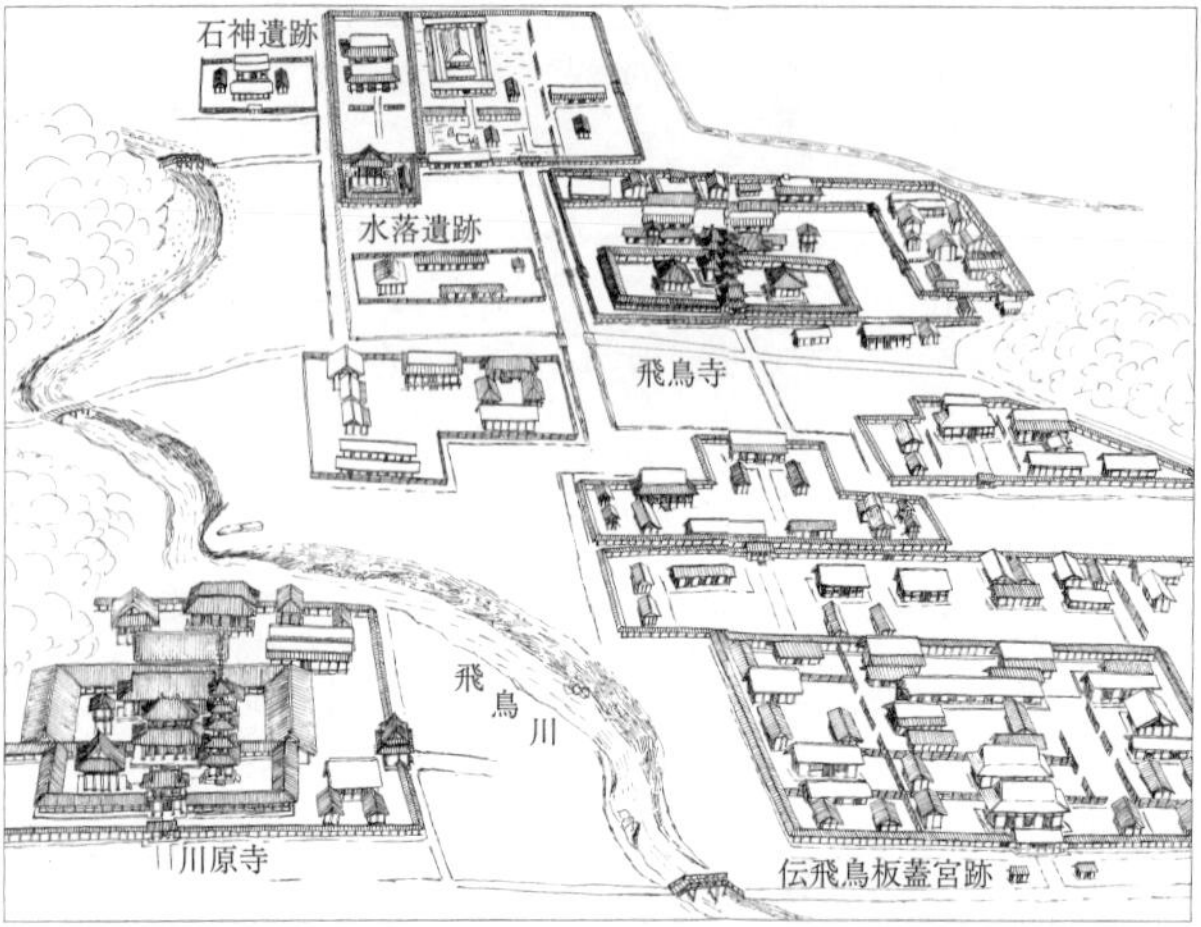

図 5-1　飛鳥京想像復元図(町田章氏原図)

機能をもっていました。また、この京域には飛鳥寺、川原寺をはじめ多くの寺院も建立されました。また蘇我蝦夷《えみし》、蘇我入鹿《いるか》が甘樫《あまかし》の丘に居を構え、ここには有力氏族の邸宅も多数ありました。

飛鳥京は六七二年から六九三年まで政治の中心地でした。飛鳥京の水落《みずおち》遺跡では漏刻《ろうこく》と呼ばれる水時計が置かれた建物が発掘されています。これは時間を正確に刻む時計を基準にして、鼓か鐘の音を合図に官人が一定の時間に政庁に出仕するための装置です。ということは、時刻を知らせる音が聞こえる近い距離に多くの官人が住んでいたことを意味します。つまりこの時期には官人の集住が進んでおり、食糧や生活必需物資が外部から流れこむ経済機構が機能していたと考えてよいでしょう。ですからこの地には、都市的空間がすでに形成されていたのです(図5－1)。

『日本書紀』には、飛鳥京の時代の天武一二年(六八三年)に、難波《なにわ》京を副都と定め、官人に宅地を班給することを命じた記述があります。これも官人の集住策を示しています。

また六年後の持統三年(六八九年)の記事には、飛鳥京の市で武術にすぐれたものが表彰されたとあります。その場所は特定できませんが、すでに飛鳥京に交易の場である市があったことがわかります。

天皇の宮殿を中心とする政治センター機能、寺院などの宗教センター機能、交易の場としての市がもつ経済センター機能、有力氏族の邸宅から推定される官人の集住、これらの要素が飛鳥京に備わっている以上、藤原京以前の飛鳥京も都市といってよいと思います。

藤原京の成立

大王の地位は、六四五年から始まる大化の改新によりいっそう強まり、七世紀後半から「大王」は「天皇」の称号に変わり、天皇、皇太子を中心とする政治体制がつくられました。天皇の称号は中国から伝わったものですが、この称号は日本でも七世紀後半の天武天皇から使われるようになります。

六九四年に持統天皇は飛鳥京(倭京ともいう)から藤原京への遷都を実行しました。

飛鳥京の北西に隣接する藤原京は、七一〇年に平城京に遷都するまで、我が国初めての整然とした条坊制(都城の地割りを意味し、直交する街路で整然と京域を区画したもの)をもつ都城で、天皇を頂点とし、整備された官僚機構を備えた律令国家の中枢機能が凝集した場所でした。飛鳥京は律令制を取り入れた初めての都市とされていますが、藤原京で律令制はさらに日本の実態に合うものに改良されます。

藤原京では、天皇とその同族が住む内裏《だいり》地区と、政治の場としての、大極殿《だいごくでん》と朝堂院《ちょうどういん》からなる宮域を中央に配し、その四方に条坊に沿って町並みを設けています。藤原京の内部の構造については、まだまだ解明されていないことが多いのですが、平城京の研究成果を参考にすると、政治を執り行う宮の周囲には様々の役所があったと考えてよいでしょう。藤原京に諸国の物産を交易する市が設けられていたことは『日本書紀』に見えます。

近年の発掘調査によって、藤原京の広さが通説よりもさらに大きいことも判明しました。藤原京は日本で最初に出現した本格的な古代都市ということができます。

都市の機能

都市の定義は人によって様々です。私の考えは第一章(一六ページ)で述べましたが、ここでも繰り返しておきます。都市とは、①首都の政治センター機能と、門前町などの宗教センター機能と、港町などの経済センター機能を合わせてもち、②王や役人、神官や僧侶、手工業者や商人など、農民以外の多数の人が住みつき、③人口が極度に密集した結果、近隣の資源だけでは自給自足できなくなり、食糧や生活の必需物資を外部の遠隔地に依存する社会です。自給自足できる農村とは異なり、都市は外部に依存する社会なのです(図5-2)。

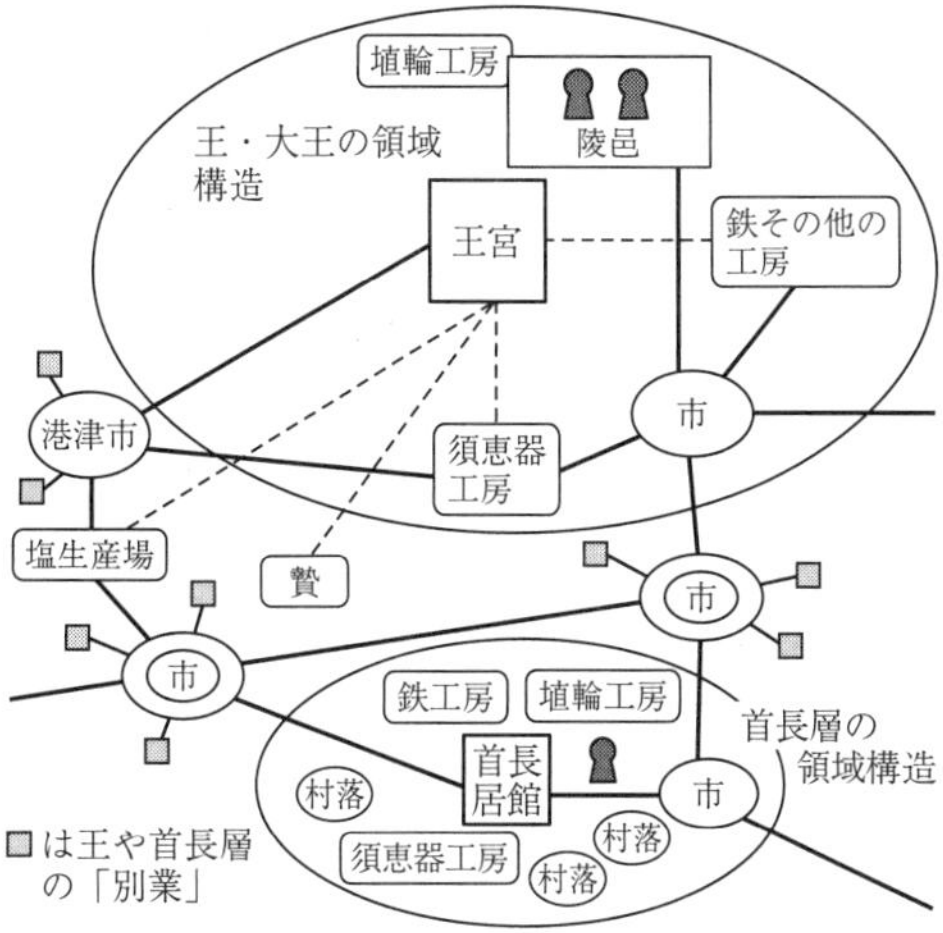

図5-2　古墳時代の大王・首長の領域と物流

この定義からいって、藤原京はまぎれもない都市です。藤原京は律令国家の首都として政治センターであり、宗教センターであり、経済センターでした。律令官人と彼らを支える様々な職業の人々が密度高く集住しています。ここでは市が機能し、その食糧や必需物資が、租税や貢納物や商品として各地から流れ込むシステムがすでに出来上がっています。

このような都市のシステムは、はたして藤原京が建設された七世紀末になって初めて出来上がったものでしょうか。そうではないでしょう。私のいう都市は、飛鳥京ですでに生まれています。また都市に不可欠な高度な手工業の力や組織化された市の機能は、長い年月をかけて蓄積されたものです。藤原京以前に、都市的要素がどのように蓄積されていったかを次に考えてみたいと思います。

条坊制は都市の必要条件か

岸俊男氏は、飛鳥京に条坊に似た地割りがあったことを主張しました。しかし、岸説の地割りで道となるはずの場所に寺院が存在する場合があることなどを理由に、地割りは現実には存在しなかったとの批判があります。

飛鳥京では最後の天武天皇・持統天皇の時代には条坊制が敷かれましたが、飛鳥京に最初から整った条坊制があったとするはっきりとした証拠は見つかっていません。

しかしこれまでに判明した飛鳥京における天皇の宮殿や有力氏族の氏寺などは、中ツ道や横大路などの幹線道路を機軸として整然と秩序づけられ配置されています。天皇や有力氏族そして官人たちが飛鳥の狭い場所に集住しようとすれば、道路などを軸とした住み分けの秩序は初めから不可欠だったはずです。このように考えると、整然と秩序付けられ配置された飛鳥京の構成を見る限り、条坊制の設計図なくしてはこの整然とした飛鳥京はあり得ないと考えます。プランは完全なものではなかったにせよ、何らかの形で条坊制のプランが存在したと考えるのが自然です。

しかし、私が先に述べたような都市の定義を基礎にすれば、条坊制の存否は都市の必要条件からはずしてよいと思います。

2　都市の発達

宮殿と首長居館

では飛鳥京以前の古墳時代には、萌芽的な都市は存在したのでしょうか。

弥生時代の巨大環濠集落には、政治センター機能の首長の居館、そして宗教センター機能の祭祀施設、経済センター機能である石器の大量生産の工房や、遠隔地と石材などを交易する商工業の萌芽、そして人々の集住など、都市的要素は芽生えていました。しかし、あくまで住民の大多数は農民であり、食糧や生活必需物資はその内部で自給できました。したがって環濠集落は都市ではなく、城塞集落と呼ぶべきことを提案しました。では、弥生時代の巨大環濠集落にわずかに芽生えた都市的要素は古墳時代にはどうなったのでしょうか。

古墳時代で五世紀後半の埼玉県稲荷山古墳の鉄剣の銘文に、「ワカタケル大王の寺(役所)がシキ宮に在る時」とあり、ここに「大王の寺」の文字が見えます。また五〇三年の和歌山県

「隅田八幡人物画像鏡」銘文には、「オシサカ宮」とあり、これらの文字から、五世紀から六世紀にはすでに王や大王の宮があったこと、それに寺と呼ぶ役所機構が付属していたことが窺えます。この当時の宮は政治センターと宗教センターの機能を備えていたのです。また奈良県脇《わき》本《もと》遺跡では五世紀の大型の建物が発掘されましたが、ここが雄略大王の泊瀬朝倉宮《はつせあさくらのみや》の伝承地であるだけに注目を浴びました。ここにも政治センターと宗教センターはあったと思われます。巨大倉庫群のある大阪府の法円坂遺跡では、未調査の部分が多くありますが、恐らく祭り事を行った政治センターと宗教センターがあったと推定できます。法円坂遺跡は巨大な倉の存在から経済的なセンターでもあります。法円坂遺跡では竪穴住居が多く見つかっており、人口の集住もあったと推定できますが、農民以外の集住がどの程度あったかが、都市かどうかの鍵になります。

また群馬県三ツ寺遺跡も首長の祭り事の拠点で、政治センター、宗教センター、そして未発掘部分に倉庫があれば、経済センターもあったでしょう。

奈良県纏向遺跡は弥生時代終末期に始まるので、環濠集落が盛んにつくられていた時代より三〇〇年も後の遺跡になります。ここでは三世紀の注目すべき大型建物などが発見され、政治センター、宗教センター機能を果たしていました。ここには、漆工芸や庄内式土器の手工業の生産地も隣接しているので、経済センターの機能も充分あったと思われます。しかしここに都市というほどの人口集中があったかどうかは、今後の検討課題です。纒向遺跡は、古墳時代にも引き続いて首長居館として存続しましたが、巨大な前方後円墳の隣接地だけに、古墳築造の陵邑《りょうゆう》（中国の王の墓を築く時、臨時に設けられた町で、何万人もの人々を集めたものもあります）に類似した場として、人口の集中があったかどうかは興味あるところですが、これも今後の検討が必要でしょう。

今まで述べてきたように、巨大な大型居館を伴う首長居館には、政治センター、宗教センター、経済センターの機能をもつ建物はあっても、その周囲に農民や手工業者が集住していたことを示す遺跡はまだ発見されていません。この点に、弥生時代の巨大環濠集落と古墳時代の有力首長の屋敷地との大きな違いがあり、首長居館は環濠集落より時代的に新しいにも関わらず、都市的環境は整っていないと思います。

須恵器、埴輪の生産の場

弥生時代の巨大環濠集落には手工業生産の場があり、またそれは交易の中継地でもあり、経済センター機能を果たしていました。古墳時代の首長居館には、経済センターとしての大きな倉庫はありましたが、環濠集落がもっていたこの手工業生産の場や交易の場はどうなったのでしょうか。

埴輪は三世紀前半から六世紀まで墓に立てられますが、その製作は初めのうち、各地の有力首長の領内にある埴輪製作地で行われます。埴輪製作地は大阪府土師の里《はじのさと》遺跡など多くで見つかっています。しかしその製作地は、有力首長の屋敷地内ではなく、いずれも屋敷地から遠く離れた場所にあります。やがて五世紀になると、埴輪の生産は中央政権によって管理された巨大な窯業施設で行われるようになります。それは高槻市の新池《しんいけ》埴輪製作遺跡や奈良市の菅原東《すがわらひがし》遺跡、堺市の日置荘《ひきしょう》遺跡、兵庫県那波野丸山《なばのまるやま》遺跡などです。関東の埼玉県でも生出塚《おいねづか》遺跡などの埴輪製作所が見つかっています。しかしこれら多くの巨大な窯業施設も、中央政権の中枢地からは遠く離れています。

一方須恵器の生産は、四世紀〜五世紀前半に、北部九州、瀬戸内、大阪湾岸などで始まりますが(菱田哲郎氏)、生産地の窯跡は首長の宮とは離れています。五世紀代には、須恵器生産のコンビナートとでもいうべき大阪府堺市の陶邑《すえむら》窯業地で須恵器の生産が始まりますが、これはその規模の大きさから、河内に本拠をおいた政権の中枢が直接支配したと考えられます。しかしこの巨大な陶邑窯業地も、河内の王権の所在地からは遠く離れています。六世紀になると須恵器の生産は、大阪の豊中市にある桜井谷《さくらいだに》遺跡のように地方有力首長の領域でも始まります。しかしここでもその所在地は、政治センターの居館からは遠く離れています。

鉄器加工の開始

鉄器加工の比較的まとまった工房群も、五世紀代では大阪府大県《おおがた》、奈良県の布留《ふる》や忍海《おしみ》で発見されており、これは物部氏や葛城氏などの領域にあたるので、これらの氏族が支配した工房ではないかと推定されています。岡山県大蔵池《おおぞういけ》南遺跡では、六世紀後半には鉄の加工だけでなく精錬もすでに始まっています。京都府の遠所《えんじょ》遺跡では、鉄を加工した五世紀から六世紀の作業場の跡が見つかりました。古墳時代にはこのように手工業も高度化し、各地で大規模な手工業生産が行われました(図5－3)。

図5-3　古墳に大量埋納された鉄器(京都府恵解山古墳)

しかし、須恵器、埴輪、鉄の精錬や鉄器製作などの生産の場は、大王や有力首長の領域内にはありますが、それは宮殿や首長居館内や居館の隣接地にあるわけではなく、今までの発掘例では、これまで述べたように領内に広く分散していました。これでは人口の過度な集中は起こりにくいと思います。

手工業生産地と権力の所在地が分散しているので、古墳時代の都市的環境は整っていませんでした。

交易の市

『日本書紀』には古墳時代に、各地で市のあったことが記されています。奈良県では、海石榴《つば》市(桜井市三輪山のふもと)、軽《かる》市(桜井市)、大《おお》市(桜井市)、大阪府では餌香《えが》市(会賀市とも呼ばれます)、古市、難波市などが有名です。遅くとも六世紀末までには多くの市が成立していたと考えてよいでしょう。

これらの市のあった場所は陸上交通、水上交通の要衝にあたります。『日本書紀』の用明元年(五八六年)の記事に、海石榴市の炊屋姫《かしぎやひめ》(推古天皇)の「別業《べつぎょう》」という記述が出てきます。直木孝次郎氏によると、「別」とは別宅を意味し、「業」は経営所を意味します。とすれば、推古天皇は自宅と離れた海石榴市に別宅をもち、そこで物資を交易するための経営所を運営していたことになります。

また『日本書紀』にある、難波市に設けられた有力豪族の多くの「宅《やけ》」は、商業行為の拠点だということです。とすれば有力首長は、難波市に交易の拠点を構えていたことになります。

文献の記述からわかるように、権力者は各地で確かに商業を営んでいたのですが、ここで重要なことは、海石榴市も、軽市も、餌香市も、市のあった場所には、祭り事に伴う大型の建物がないことです。市というマーケット機能は、宮殿や首長居館に直接付随しているわけではなく、居館とは別の交通の要衝にあり、首長の領域内に広く分散しているのです。ただ難波市は、祭り事を行う宮の大型建物と隣接しており、人口の過度の集中が証明されれば、都市が生まれていた可能性がありますが、古墳時代にこのような都市はまれだったと思います。

都市的要素の分散

以上をまとめると、弥生時代の巨大環濠集落では、集落内部にリーダーの館や祭祀施設や工房などの政治センター、宗教センター、経済センターの機能、そして商工業の萌芽や人々の集住など、都市的要素が芽生えていました。しかし古墳時代には、経済センター機能の大きな倉はあっても、手工業者や商人は、宮殿や首長居館を中心に集住しませんでした。彼らの生産の場や商業活動の場は首長の領域内に広く分散していたと推定できます。つまり手工業や商業や陵邑などという都市的な要素はすでに発生していたとしても、それが藤原京段階のように都城の中に凝集しないで、領内に広く分散しており、そのために都市的景観は形成されにくかったと思われます。

しかし古墳時代、手工業地や市は分散していたものの、埴輪・須恵器、鎧など手工業技術は高度に発達しており、それを交易する市も順調に生まれ成長していました。それぞれの場で高度に発達した機能が飛鳥京段階で一カ所に集められ都市的景観が生まれ、藤原京ではさらに整然とした、条坊制まで整った完成した都市が出現しました。

ところで、中国の王の墓の造営の際には「陵邑」とよぶニュータウンがつくられました。『史記』によると、秦の始皇帝陵のための陵邑には七〇余万人の囚人が集められたといいますし、『漢書』によると、築造に五三年を要した前漢の武帝の茂陵邑《もりょうゆう》は二七万七〇〇〇人が集められたといいます。これは立派な都市です。またエジプトではピラミッドタウンと呼ばれる、王の墓を築く築造労働者の町が存在しました。日本の巨大な前方後円墳の築造でも、近隣の農民の労働力だけでは明らかに足りません。日帰りできないような遠い距離の人々を動員したと考えなければなりません。すると古墳の築造場所には人口の集中が生じ、食糧や生活の必需物資を外部に依存する社会が生まれていたはずです。工事の規模から推定して陵邑では、政治や宗教や経済のセンターが機能していたと思われますから、今後検討する必要があります。

古市《ふるいち》古墳群や百舌鳥《もず》古墳群では大王墓築造に伴う手工業生産が、単独ではなく、埴輪づくりと玉づくりと鍛冶というような複数の工房群の形で、「造墓工房」として把握されています（花田勝広氏、菱田哲郎氏）。また、酒井龍一氏は三〇年以上前に「古墳造営キャンプ」という概念を提起しています。しかしこれこそが古墳造営キャンプだというものはまだ見つかっていません。私たちは、陵邑の隅や真ん中をすでに小規模に掘っているのかもしれません。今後の発掘では陵邑の可能性を考慮した発掘が求められます。

第六章　日本列島に国家はいつ成立したか

1　国家をめぐる議論

国家成立時期についての様々な考え

日本の古代史学界では、七一〇年の平城遷都をもって国家成立とする見解が支配的です。統治組織がかなり完成されていること、統治領域が現代の日本国の領域に近いこと、この二つが大きな理由です。

しかし国家は突然発生するものではなく、長い時間をかけて政治的、経済的、文化的組織を、その地にふさわしい形に成長させて出現します。成熟した国家には達していないけれど、未成熟な、身分制、官僚制、徴税制、軍制をもつ社会が、どこの国でも国家成立の前段階にあるはずです。

ヨーロッパ・北米の人類学者は成熟した国家に先立つこの段階を、原初国家とか初期国家の名前で、一つの意味ある時代として捉えようとしたのです。日本の場合、初期国家は古墳時代にあたると私は提唱しました。この説は、研究者のなかである程度認められるようになりましたが、古墳時代は大きな変革を何度か繰り返しながら成熟国家へと急激な社会変化を遂げたので、古墳時代のどの変革期からを初期国家とするかについてはいくつかの考えが出されています。そのなかで主なものは、古墳時代の始まりを初期国家の成立とする考えと、五世紀後半の中央集権が進んだ段階を初期国家の成立とする考えです。四世紀後半とする考えもあります。これとは別に、三世紀から六世紀前半までの地域国家と、その後に統一国家が続くとする説もあります。

このような考え方の相違は国家をどのように定義するのかという理論の違いに根ざしています。この問題を考えるため、国家形成をめぐる理論を手短に概観しましょう。

エンゲルスとウェーバーの国家論

古代国家の成立論に大きな影響を与えたのは、F・エンゲルスです。彼はL・モルガンの『古代社会』を基礎に、『家族・私有財産・国家の起源』を書きました。この書名からわかるように、エンゲルスは家族と私有財産と国家を、文明の産物として同時に出現するものと考え、階級対立の産物である国家を、それ以前の氏族組織に代わる政治組織と考えました。したがって氏族組織の血縁原理に代わる領域を重視し、国家を支える支配権力の具体的な指標として租税、軍隊、官吏などを重く見ました。

律令国家段階こそ国家とする吉田晶氏は、エンゲルスのこの理論を活用し、律令制以前の古墳時代は氏族制を基礎とする部族連合の社会、あるいは首長制に基礎をおく社会と考えます。

M・ウェーバーは、世界史上の国家を類型的に捉えて比較しました。すべての地域が農民の共同組織と城塞王制の二段階を経由し、その後、地中海世界の古典古代ではポリスが発達したのに対し、オリエントでは官僚制をもつ都市王制が発達したと説きました。彼の研究は支配形態の比較に特色があります。古代史研究に影響力をもった井上光貞氏はウェーバーの方法から学んでいます。

文化人類学の国家論

文化人類学でも国家形成論の議論は活発です。E・サーヴィスやM・サーリンズなど新進化主義と呼ばれた学者は、人類社会の進化をバンド社会、部族社会、首長制社会、原初国家の四段階に分けて説明しました。とくにエンゲルスたちが氏族社会と国家とを対比的に扱ったのに対し、両者の移行期を重視して首長制社会の段階を設けたことが特色です。

首長制社会の特色としては、直系と傍系の差による階層はあるが、血縁組織(クラン)で結びついていること、国家のような政府機関はないが中心に結集する権力をもつこと、権力は個人的色彩が強く政治的階級は顕著ではないこと、などがあげられます。首長制社会論は、部族社会と原初国家との過渡期の社会を包含するために、その内容は実に多様です。

そこでＨ・クラッセンらは首長制の次の段階として初期国家の段階を提唱しました。これはサーリンズらの原初国家段階に近いものですが、次のような初期国家の定義づけには学ぶべき点があります。

すなわちクラッセンらによると、初期国家とは、①階層社会を基礎とし、②階層社会を生むほど多くの人口を擁し、③恒常的余剰をもち、④血縁ではなく地縁原理が支配的で、⑤社会の分裂を回避しうる強制力のある政府をもち、⑥中央政府があり、⑦支配の正当性を支える共同イデオロギーをもつ社会段階です。

国家形成の契機

以上に見た国家形成論の主張はそれぞれ違いますが、いずれも社会の進化や発展の段階をどう区分するかの理論モデルです。この種の議論と共に、国家形成の契機は何か、つまり何が引き金になって国家ができるのかをめぐっても様々な捉え方があります。

エンゲルスは階級対立を重視しました。それだけでなく、灌漑事業のような社会を統合する機能が国家形成の引き金になった可能性も考えています。後者の側面を強調したのがＫ・ウィットフォーゲルの『東洋的社会の理論』です。彼は、アジアでは灌漑事業を軸とする共同労働の組織化を基礎として専制国家が生まれると主張しました。

国家形成に征服を重視する考えもあります。征服王朝論がそうです。遊牧社会などの国家形成にしばしば適用されます。日本では江上波夫氏が騎馬民族征服王朝説を唱えました。

戦争が国家形成で重要な契機となるとの主張もあります。R・カーネイロは、一定領域で人口増大などを契機として資源不足となり、集団間の戦争が激化し、このなかから支配組織が形成されることを説きます。

G・チャイルドは、国家の成立における都市の重要性を取り上げ、古代都市の形成に遠隔地との長距離交易が重要な役割を果たすことを説きました。私は、ここからヒントをもらって、国家形成において物資流通の掌握が重要な契機の一つとなることを提案しました。

国家はいつからか

七〜八世紀に成立した律令制国家を古代国家と捉えるのは問題ありません。しかし古代国家の始まりをいつからと捉えたらよいでしょうか。律令制国家に至るまでの国家形成過程に意味を与え、国家の性格を決定する時代を正当に評価することが重要です。そこで私は、律令制国家以前の古墳時代を初期国家と呼び、律令制国家を成熟国家と呼ぼうと提案しました。こう考えると、国家の始まりの時期には、主なものに三世紀、五世紀、七〜八世紀の案があることとなり、私はこれを七五三論争と呼んでいます。このほかに四世紀後半とする説、三世紀に地域国家が生まれるとする説も出ています。ではいつからを国家とするかについて考えてみましょう。

和田晴吾氏と岩永省三氏は初期国家を五世紀後半以降と考えています。

「宋書倭国伝」によると倭の五王のうち二番目の珍は、自らを安東大将軍・倭国王に任命するだけでなく、倭隋ら一三人をも将軍に任命するよう宋に要求しています。三番目の済も同様に二三人を軍郡にすることを要求しています。これは、倭国王が地方の有力首長と連合しつつ倭国を支配していたことを示します。

これに対し、五番目の倭王武は安東大将軍・倭国王を要求し認められましたが、他の者の将軍任命要求は出していません。この事実は、倭王武が、五世紀前半段階の倭王と比べ、他の有力首長を超越した権力を獲得したことを示唆します。稲荷山古墳の鉄剣や江田船山古墳の大刀の銘文にある「ワカタケル大王」が雄略大王であり、中国の書にある倭王武と考えてよければ、権力の集中を一歩すすめた大王制は、五世紀後半の倭王武の段階で確立したと考えてよいでしょう。

雄略大王の時期に、典曹人や杖刀人など文官、武官が誕生しており、直木孝次郎氏が官人組織であると指摘した人制が形成されたことも注目されます。大阪府法円坂遺跡における巨大倉庫群のありようは、五世紀後半の時点で、すでに租税徴収機能がかなりの水準に達していたことを示します。

支配領域について、倭王武は、「東は毛人を征すること五十五国、西は衆夷を服すること六十六国、渡って海北を平らげること九十五国」と豪語しています。考古資料では、前方後円墳の分布範囲が、南は鹿児島県から北は岩手県までと、五世紀代に最も拡大しています。古墳時代で分布範囲が最も拡大したのが武の支配した五世紀後半です。

これらのことから、五世紀後半の雄略大王の段階は、大王制、官人制、軍制、租税制の成立において大きな画期であり、対外的膨張政策でも積極的でした。古墳時代の五世紀からを初期国家とする論拠は、この中央集権の飛躍的拡大にあります。

五世紀を画期とする見方

和田氏は、古墳時代の前・中期と後期(とくに後期後半)との質的な差は、古墳時代以前と古墳時代の差よりはるかに大きいとし、古墳時代をひとつのまとまった時代と捉えることは難しいと考えました。それで古墳時代中期まで(五世紀後半まで)は首長制で、古墳時代後期から初期国家としました。その根拠として、①「王の支配が直接的に家長層にまで及ぶ」こと、②「首長層の在地支配が弱体化」すること、③「首長層が官人化し始める」ことをあげます。

まず①の王の支配が直接的に家長層に及ぶということは、王が農民個々人を把握して、租税を徴収することでしょう。和田氏は王の支配が直接的に家長層に及んだ根拠に五世紀後半に強い父系イデオロギーが流入したことをあげていますが、これは前に墓の話で紹介した田中良之氏の説によっています。しかし田中氏は古墳時代後期についても「典型的父系社会」ではなく、双系的性格を残していると述べています。また清家章氏は古墳時代「後期には家長位も父系に傾いたものの父系は貫徹せず、双系的な構造が維持された」としています。通説では律令制の古代国家は双系と理解されており、父系制と国家誕生の関係については、今後の研究が待たれます。

次に②と③については、私も和田氏と同じように理解しています。ただ、王権が個々人を掌握していない段階であるから初期国家であり、王が家長を通して個々人を掌握した段階は、成熟国家と私は考えます。和田氏の説では初期国家と律令国家の質的な差異はなくなります。

岩永省三氏も五世紀を画期と考えています。岩永氏は「初期国家」段階には「成熟国家」の指標である身分制・租税収奪・徭役労働徴発・官僚機構・常備軍が、萌芽的でもいいから出現していなければならないと考えており、その指標の萌芽がすべてそろうのは五世紀後半以降であると主張します。

私は成熟国家の指標がすべてそろわなくても初期国家と考えています。まず古墳の形と規模の差は身分制を裏付けています。弥生時代後期の首長居館の倉庫や、三世紀末の首長居館の倉庫は租税制を、古墳や首長居館の存在そのものが徭役を示しています。卑弥呼が行った魏や公孫氏との外交に必要な外交文書の作成、貢ぎ物の調達や収納整理、税の徴収や収納は、官人の萌芽なくしては不可能です。ただ常備軍の存在は明らかではありません。しかし三世紀の王墓から出土する冑《かぶと》や整備された武器、また「魏志倭人伝」にある「宮室・楼観・城柵、おごそかに設け、常に人あり、兵を持して守衛す」からは、親衛隊の芽生えが窺えます。

磐井の乱をどう見るか

さて、五世紀に権力の比重が地方の有力首長から中央に大きく移ったのは確かです。しかしそれは権力の量の問題で、質の変革にまで至っていません。中央権力と地方有力首長の権力量の割合は、五世紀に中央権力側に大きく動きました。しかし国家が首長の権力に頼らないで、一人一人の人間を掌握するという権力の質を伴った変革は、律令制国家を待たなければなりません。

雄略大王の没後、有力首長の大規模な反乱、磐井の乱が起こりました。磐井は戦いのなかで殺されましたが、反逆者である磐井の墓(岩戸山古墳は時代考証からも、この墓のもつ諸要素が直後から突然断絶していることなどからも磐井の墓と考えられています。一三二メートルの規模で北九州最大の古墳です。図6－1)が堂々と築かれるのです(森貞次郎氏)。そのあと、中央権力が磐井の息子を処分できなかったのも、有力首長の抵抗力を無視できなかったからでしょう。雄略大王没後には、雄略大王の時代に没落した大型古墳の系譜が多く復活しており、勢力の揺り戻しが見られますが、この現象も有力首長の抵抗があったからでしょう。このように、中央政権を支えた有力首長の力は削がれながらも現実の力として残っており、有力首長に支えられた権力という古墳時代の政権の特質は続いていると見ます。

図6-1　福岡県岩戸山古墳

初期国家は三世紀から

私は古墳時代の初めを初期国家の誕生と考えています。巨大な古墳と土壙墓の存在からわかるように、古墳時代はその初め三世紀から階層社会でした。そして古墳時代は、この階層社会を生み出すだけの多くの人口を抱えています。租税を蓄える巨大な倉庫は恒常的余剰を示しています。租税の背後には強制力をもつ中央政府の存在があります。共同イデオロギーは、前方後円墳祭式です。

表6-1 「七五三論争」の各段階の整理

指標	3〜4世紀	5〜6世紀	7〜8世紀
外交の代表者	倭国王(女王卑弥呼)	倭国王(倭の五王)	倭国王から日本国天皇へ
官人組織	男弟，大倭，都市	人制，伴造，部民制	太政官，二官八省
地方支配	一大率，「刺史」，(大)官，副官	国造，県主，稲置	国郡里制，大宰府，鎮守府
軍　事	宮室を兵が守衛	将軍制と杖刀人	衛府と軍団，防人
階級関係	大人―下戸―生口	部民制	良民―賤民
租　税	租賦を収める邸閣	居館と巨大倉庫群	租庸調制
賦役労働	巨大古墳の造営と水利土木事業	左に同じ	歳役，雑徭
覇権の及んだ領域	(前半)北部九州から畿内まで(後半)九州から東北南部まで	九州から東北中部まで	58国3島(薩摩国から陸奥国まで)

このように古墳時代は、三世紀の段階でクラッセンのいう初期国家の条件を満たしています。五世紀末にはその条件がより充分になったということです。

三世紀の古墳時代の始まりと共に初期国家が成立し、王の権力は三世紀から六世紀へと次第に高まり、古墳時代を通じて中央権力は大きく成長し続けます。しかし古墳時代は誕生の経緯によって、その初期から中央権力が各地の地域権力に支えられるという権力構造で、この権力構造は、古墳時代の終わりの六世紀末まで続きます。中央権力が、地方の有力首長を通さず、戸籍をつくって人々を直接掌握した時点で、中央権力が地域権力に支えられるという古墳時代の権力構造が崩れて、成熟国家である律令制国家が誕生します。そう考えると、初期国家は三世紀に始まったと考えることができます。

「地域国家」は存在したか

　では地域国家が三世紀から始まるとする説についてはどう考えればよいでしょうか。門脇禎二氏は大和国家とならんで、吉備や出雲や筑紫や毛野にも地域支配の体制をもった独自の地域国家があったと主張します。

　統治組織の発達度合いを国家成立の重要な指標と考え、地域権力の存在に光をあてた点は大切です。これは統治領域が現在の日本国の領域に近くなる時期を国家成立と同一視する安易な統一国家論への警鐘ともなります。しかし、「地域国家」は国家といってよいでしょうか。

　弥生時代後期、倭人社会の有力首長たちは遠く離れた地域間で互いに同盟関係を結んで王を立てました。この王は中国の権力にも認められます。王は鉄を産出する朝鮮半島の弁辰、そして弁辰を支配下においていた後漢ともおりあって鉄を獲得したのでしょう。相争っていた地方の有力首長は、連携して王を擁立することで、鉄を確保できたのです。必需物資である鉄の欠乏が、この広範囲の連携を促進し、中央政権を誕生させたのです。その意味で、倭の中央政権は、初めから地方有力首長に支えられていました。

　しかし地方権力が中央政権を認めたことは、一方で、地方権力が中央権力に、鉄や威信財を依存せざるをえない環境をつくったのです。

　このように考えると、門脇氏のいう地域国家については、筑紫、吉備、出雲、そして毛野などの地域ごとに、有力首長の強大な地域権力があったことは認めうるとしても、それを独立した国家と扱うのは無理があります。地域権力は中央政府に鉄を依存しており、自立できないからです。また前方後円墳は、吉備だけのものではなく、倭政権の系列下に位置しており、支配の正当性を支える独自の共同イデオロギー、前方後円墳祭式をもつ社会という点でも難しいと思います。

四世紀後半を画期とする説

四世紀後半を国家の誕生と考える田中琢氏は、王の誕生について次のように考えています。弥生時代終末期に、実用を離れ特殊化した土器を墓の周りに連ねた葬礼の行事が執り行われた。これは次の族長が支配者としての首長権を継承し、配下にそれを承認させる祭りであった。次の段階で、族長権を祖先から継承する祭りの道具であった特殊器台は、「聖域である斎場を俗域から隔絶するための道具に転化し」、円筒埴輪になる。次の段階の四世紀に出現する鳥や家の形をした形象埴輪は、被葬者の眠る聖域を守護し「邪霊などの侵入から守る」もので、形象埴輪の出現で古墳は斎場から墳墓に転化する。

四世紀中頃、奈良盆地東南部の勢力が行動を起こし、地域と血縁の枠を打ち破り、権力拡大を目指した。充分な力をもった族長は、もはや先代から権威を継承する必要はない。それまでの権威継承の儀礼は形骸化し、ここに王が誕生する。田中氏は、ここに国の成立と王の出現があるといいます。

権力を高めた首長が、先代の首長のもつ権力を継承せず、自分の力だけで権力を確立して王になったというのは、確かに実力を兼ね備えた真の権力者の出現で、大きな画期といえます。しかし私の基準でいえば、三世紀から中央政権が存在し、その中央政権は地方の首長に支えられた政権でした。中央政権が地方の有力首長から独立するのが、七世紀です。この基準で考えると、画期は三世紀と七世紀になります。国家成立の画期を何に置くかが今後の課題となります。

初期国家と成熟国家との違い

古墳時代の中央政府のイデオロギーは前方後円墳祭式でした。しかし後円墳を祭る集団だけでなく、後方墳を祭る地方有力首長集団も包括して、中央政府は権力構造を築き上げました。つまり古墳時代の中央政府は地方の有力首長連合に支えられていたのです。この体制は古墳時代の初めからの現象で、「魏志倭人伝」に記録された邪馬台国誕生の経緯と深い関連があります。

しかし中央政府は着々と力を蓄え、五世紀後半の雄略大王の時、最大地方の勢力である吉備や毛野を打ち負かし、官制、軍制、前方後円墳祭式を定着させることで飛躍しました。

しかし雄略の後、磐井の大きな反逆を受け、磐井を鎮圧したにもかかわらずその後継者である息子を赦免するほかなかったのです。中央権力は地方有力首長連合体の力を無視することはまだできなかったのです。

律令制の成熟国家と初期国家との最も大きな違いはなんでしょうか。律令国家では、すべての土地と人民を天皇と国家が所有するという「公地公民」制を建て前として、中央集権的官僚制を確立したことです。それ以前は、各地の有力首長が一定の広さの土地と人民とを直接支配し、卑弥呼や雄略大王の中央政権は各地の有力首長を統括するという形で土地と人民を支配したので、その支配は間接的なものにとどまりました。これに対し、律令国家では住民の戸籍をつくって、一人一人の人間を国家が直接に掌握したのです。

律令国家では、中央官人も国司、郡司も国家が任命します。もちろん郡司などは古くから地域を支配してきた有力首長を任命する場合は多いのですが、あくまで建て前は国家の任命制である点が、それ以前と決定的に異なるところです。七世紀の律令国家は部分的に修正を繰り返し、八世紀の成熟した古代国家へと向かいます。

前方後円墳体制を初期国家段階と考えれば、古墳時代は古代国家の前半段階であり、律令制国家はその後半段階と捉えることができます。

2　民族形成と国家

共通の仲間意識の形成

邪馬台国から前方後円墳体制の古墳時代へと権力の集中が進み、初期国家が形成されます。この初期国家の中央権力の拡大と共に文化的な共通性が形成されました。文化的共通性が生まれると、日本列島で「われわれ仲間」という共通の帰属意識をもつ集団が徐々に形成されていったと考えられます。共通の帰属意識は、まず王や地方首長など支配層の間に生まれました。

それを示すのは、本書でもたびたび言及した倭王武が四七八年、中国の宋に提出した上表文です。征服戦争で支配した人々を「東は毛人」「西は衆夷」と表現しています。この上表文は中国の古典などの文章を借用したものであり、「毛人」や「衆夷」を八世紀に編纂された『古事記』『日本書紀』に記述された蝦夷や隼人と同一視することはできませんが、倭国王が支配する範囲の倭人集団を同じ仲間と考え、これと辺境とを区別しようとする意識の産物と考えてよいでしょう。

仲間意識は地方首長の間でも広がったことでしょう。地方の首長たちのなかには、オワケノオミに率いられた杖刀人たちのように、畿内の政権中枢に出仕する者もいたでしょう。『日本書紀』の継体紀には、磐井の乱の鎮圧に派遣された近江毛野臣《おうみのけぬのおみ》に対して磐井が「(毛野臣は)今でこそ使者となっているが、俺とは昔は仲間として肩や肘をすり合わせ、同じ釜の飯を食った仲だ」と言ったと書かれています。倭政権中枢への出仕や対外活動への参加などを通じ、親交を深め仲間意識をもつにいたった地方首長もいたことでしょう。

このような過程を経て、離れた首長間の最低限の交流を実現するための共通語も形成されていったと考えられます。言語学者の大野晋氏は日本語の成立について、弥生文化の伝来と共に、朝鮮南部の言語が北九州から近畿に広まり、弥生文化の東方への拡大に伴って東《あずま》にまで広まり、奈良時代の言語に似た原始日本語が成立したと推測しています。地域権力が独立しているために地域社会どうしが分断されていた弥生時代の社会から、中央権力によってまとまりをもつ社会へ移ったのですから、言葉の共通化はいっそう進んだと考えなければなりません。

必需物資と威信財の流通

仲間意識の形成には、物資の流通網が整備され物資が流通することが決定的に重要です。五世紀の倭人社会に広範囲に流通した鉄原料の鉄鋌《てってい》、また同じ時期に東北、中部から南九州までの流通圏をもつ陶邑窯《すえむらがま》で焼かれた須恵器などは最も重要な流通物資で、同じ製品を使用していることが仲間意識を形成しました。

鉄や須恵器などの生活必需物資はもちろん、首長の権威のシンボルとして重要な意味をもつ威信財も広く流通し、仲間意識を形成しました。威信財は王から配下に下賜された品で、三角縁神獣鏡、石製品、装飾大刀、装飾馬具などがあります。中国の魏の王朝から下賜された銅鏡、あるいは百済や加耶の王から受け取った大刀や馬具は、倭国王の権力の背後に有力な後ろ盾や同盟者があることを誇示する重要な威信財でした。また、石製品の原形である貝輪には南海産の貝が使用されましたが、これも遠く南海の地域とも交流があることを内外に誇示するシンボルとして流通しました。

このような必需物資や威信財を与えられた地方首長は、支配下の民衆にそれを誇示し、さらに遠隔地の首長と共通の財貨を共有することを通じて、遠隔地の首長とある種の仲間意識をもつにいたったでしょう。現代社会で外国製のブランド商品を手に入れ、ステイタスシンボルを身につけた者どうしが仲間意識をもつ現象に似ているかもしれません。

民衆レベルの生活様式に共通性

古墳時代、物資流通網の整備により、生活様式の共通化は首長層のみならず一般民衆のレベルでも進みました。それは東北から九州南部の範囲で認められます。生活様式の共通性を具体的にあげると、第一に、石器に代わって鉄器がすべての分野にゆきわたり、農具や工具の刃先はすべて鉄となり、生産性が大幅に上がりました。また鉄の武器や武具も広く行き渡りました。

第二に、竪穴式住居の平面形や構造が画一的となりました。それ以前の弥生時代には、住居の平面形や柱の配置の地域差は大きかったのですが、古墳時代には、正方形プランに四本の柱で屋根を支える構造のものが一般的になりました。

第三に、カマドが普及しました。日本では旧石器時代以来ずっと、日本列島全体では炉が使用されていました。炉は地面の上で薪を燃やし、煮炊き用土器を炎の周りの地面に置きますから、炎の熱を取り入れる効率が悪かったのです。また炎がむき出しで家屋に燃え移るので、家屋の中央でしか火を扱えませんでした。一方カマドは炎を覆う構築物を築き、炎の上に土器を置くので、熱を効率的に利用できました。また炎が土の壁で覆われているので火を壁際に置くことができました。

しかし皮肉なことに、炉を使用していた時にはほとんどなかった火事が、カマドを使用するようになってから増えたのです。五世紀に朝鮮半島からの渡来人がカマドを使用する生活様式を伝え、竪穴式住居の壁際にカマドを設置して炊飯の場所とするこの生活様式は、六世紀代には北は岩手県南部から南は宮崎県中部まで急速に伝播し、炉を駆逐してしまいました。

第四に、銘々茶碗ともいうべき個人別食器としての土器が普及しました。弥生時代中期までは、盛りつけて共同で使用する土器が普通でした。西日本では弥生時代後期から個人別食器としての土器が普及しました。個人別食器の風習は古墳時代になると東日本にも広まり、西日本から東日本まで広く定着したのです。食器にみるこの風習の変化は中国や朝鮮の食事様式の影響と考えられます。

第五に、農業祭祀、そして住居内のカマドの火の神の祭祀でも共通性が現れます。一般農民の生活でも、滑石を加工して刀子《とうす》や玉の形をした祭器をつくり、それを用いて儀式をすることが青森県から鹿児島県までの広い範囲に広がりました。須恵器を用いた祭祀も有力農民の間に広く行われるようになりました。弥生時代には地域権力単位で異なっていた銅鐸、銅矛、平形銅剣、中細形銅剣、有角石器の祭器は全国を通して銅鏡になりました。畿内に限られていた筒型銅器、石釧《いしくしろ》等の祭器も全国一律に見られるようになりました。祭器や祭祀様式にまで共通性があらわれたことから、さらに深い仲間意識が生まれたと思われます。

以上に述べたことは、考古資料で指摘できる物質的資料であり断片的です。『日本書紀』『古事記』『風土記』などの記録をも参考にすれば、古墳時代に形成された宗教、芸能、言語の共通性がさらに明らかになるでしょう。

北海道と琉球諸島

古墳時代、本州の大部分と四国と九州は、必需物資と威信財の流通圏に入りました。そのため流通圏の範囲内で生活様式の共通性が形成されましたが、生活様式の共通性の広がりは前方後円墳の分布圏とぴったりと一致します。つまり中央権力の及んだ範囲に生活様式の共通性が生まれたということです。

これに対し、北海道と琉球諸島とは、別の道を歩みました。北と南のこれら二つの地方には前方後円墳は分布しません。つまりこれら二つの地域は前方後円墳体制という政治システムのなかには入らなかったのです。ですからこの地域は、鉄や須恵器など必需物資の流通圏にも入りませんでした。

北海道と琉球諸島は、その後も数世紀は採集経済を続け、生活様式や宗教でも本州諸島とは別のグループを形成しました。

琉球諸島は貝塚時代を経て、一二、三世紀から一四、五世紀にグスク時代を迎えます。グスクは一般的には軍事的な施設をさし、弥生時代の高地性集落のような類型のものから、本州の中世山城のように発達した類型のものまでありますが、多くは琉球石灰岩からなる石垣や石塁を備えます。どのグスクからも、多くの輸入陶磁や生活用品が出土し、陶磁では、中国陶磁が多く、朝鮮、ベトナム、タイ、日本産もあり、当時の琉球は大貿易時代で、グスクの建築にも大陸や朝鮮半島からの技術を導入していると考えられます。グスクの時代は、この貿易の利権や領土拡大をめぐって領主が争った国家胎動期で、グスクは領主が地域支配と領民保護のために築いたものでしょう。領主たちは抗争を繰り返し、沖縄本島では北山《ほくざん》、中山《ちゅうざん》、南山《なんざん》の三勢力が並立する三山時代となり、一五世紀前半の琉球王国の段階で国家が成立します(安里進氏)。

北海道では、弥生文化は上陸せず、漁労、採集、狩猟が続き、縄文土器の特徴を強く残した土器が出土しますが、土器の内容は多様です。石器としては、石鏃、石錐、削器、石斧などがありますが、鉄器に次第に移行します。骨器は少ないです。住居は、出入り口と見られる長い突出部をもつ竪穴式住居で、炉が中央におかれています。この文化は続縄文文化と呼ばれ、北海道からサハリン、南千島にまで広がっています。この文化の石狩地域に出現した後北《こうほく》式土器は仙台市周辺、福島、新潟まで、続く北大《ほくだい》式土器は宮城北部にまで広がっています。また続縄文文化の有珠《うす》モシリ遺跡の埋葬では、奄美諸島以南を生息地とするイモガイ製の貝輪があり、続縄文文化の各地との交流の歴史は、今後解明されなければならない点が多いです。

続縄文文化のあとに八世紀頃、擦文《さつもん》文化がおこります(工具でこすった跡のついた土師器の特徴から名前がつきました)。遺物としては深鉢型や坏形土器、土製紡錘車が主に出土します。石器はほとんど出土しませんが、鉄製の鍬先、斧、鎌がひろくゆきわたっていて、大麦、アワ、ソバの種子の存在とも合わせて初期農耕の可能性もあります。この擦文文化は、古墳文化と続縄

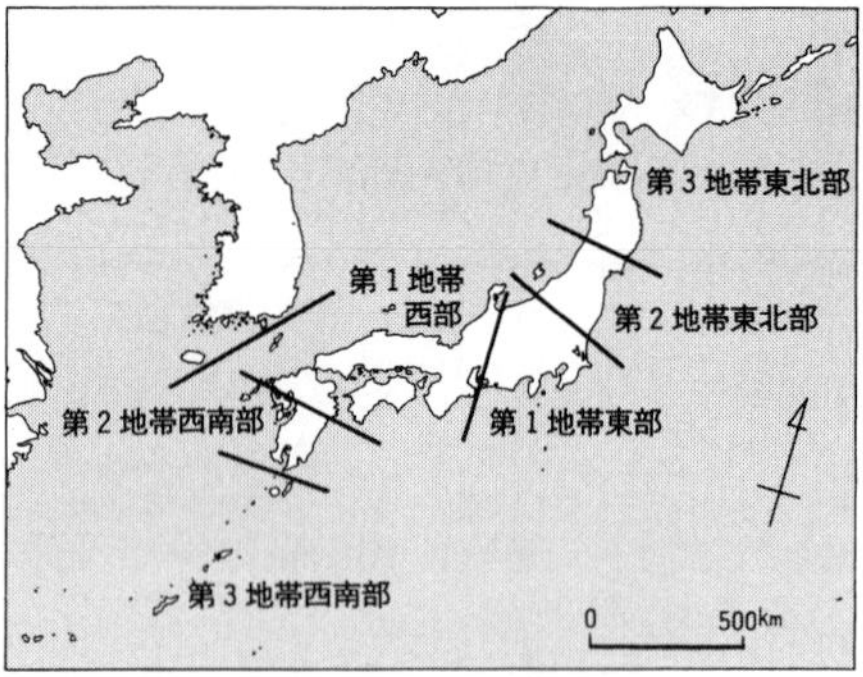

図 6-2　古墳時代の 6 地帯区分

文文化両方の影響を受けており、一三世紀頃まで続きます。

擦文文化と並行して、平安時代にオホーツク文化が北海道オホーツク海沿岸、サハリン南部、南千島に展開します。この文化の担い手はアイヌの祖先と推定されており、石器や骨角器の他、鉄製の刀、矛、刀子、斧等を使用しています。

一三世紀頃には近世アイヌの時代となりますが、ここでは国家の段階には至らなかったようです。一五世紀にコシャマインの戦い、一七世紀にシャクシャインの戦いといわれる大きな戦争がアイヌ集団と和人との間で起こります。和人との大きな戦いが可能であったことは、アイヌ社会内で緩やかな政治連合が形成されていたことを示すものですが、この政治連合は和人との戦いに敗れて解体し、国家にまで成長する道は断たれたのです。

古墳時代の六地帯区分

古墳時代の日本列島は文化的共通性を基礎に、次の六つの地帯に区分することができます（図6－2）。

第一地帯は九州北部から関東までで、これをさらに東と西に分けます。第二地帯は九州南部と東北南部、第三地帯は東北北部・北海道と琉球諸島です。

このうち、古墳時代に文化的共通性の形成された範囲が第一地帯と第二地帯です。第一地帯は古墳時代の初めに前方後円墳体制形成の中心となった地域ですが、第一地帯の西部は弥生時代に渡来人の集団がいち早く定着し、最初に水稲農耕を始めた先進地域にあたります。

こうして、第一地帯と第二地帯とを合わせた範囲が本州諸島を核とする民族形成の初期の広がりを示しています。これまでは、民族形成の始まりを奈良時代の律令国家の成立期におく考えが一般的でしたが、文化的な共通性がこのように広い範囲で生まれていることから、民族形成は古墳時代にすでに始まっているととらえるべきでしょう。

日本人の形成

民族形成の問題は日本人の形成の問題とも密接に関係します。自然人類学的な遺伝形質を基準とする人間集団の形成にかんして、埴原和郎氏らは、縄文時代までの南方系モンゴロイド集団に、弥生時代以降、北方系のモンゴロイド集団が数多く渡来し、広い範囲で両者が重なり、混血したとしています。

古墳時代に文化的な共通性が形成されるうえで核となった第一地帯は、北部九州から畿内で、弥生時代以来の渡来集団の人口比率が高い地帯です。この第一地帯を核として、渡来集団のもたらした生活様式であるカマドが五世紀に普及しました。カマドは六世紀には岩手県から宮崎県までの広範囲に、池に放り込んだ石の波紋のごとく急速に広まり、炉を駆逐してしまいました。このことは、この時期における人間集団の接触の激しさ、ひいては遺伝子交流の活発化を象徴的に物語ります。埴原氏らの仮説は、考古学上のこのような現象とうまく適合します。

藤本強氏は、日本人と日本語の形成についてふれています。その内容は、形質人類学によると、縄文時代には日本全土にアジア系集団に属する縄文人が生活していたが、弥生時代以降に大陸から集団が渡来し、西日本の住民に影響を与え、周辺へ影響が及んでいった。しかし、影響の度合いは次第に減り、北海道と南島ではその影響はほとんどなく、北海道と南島では縄文人的な形質を残しながら進化し、現在のアイヌ人や琉球人になったとする。古人骨のＤＮＡの研究をする分子人類学もほぼこの考えを支持している。言語学の研究でも崎山理氏は縄文人の言語がオーストロネシア語(マレー＝ポリネシア語)系統に属すると推定し、村山七郎氏は、アイヌ語はオーストロネシア語族に属する可能性があり、縄文人の言語はアイヌ語に近く、縄文人の言語の上に北アジアの言語が重なって日本語が成立したとする仮説を提出している。このような研究成果は、北海道に固有の文化が成立して以降、その伝統は変化しながらもアイヌ文化につながるとする考古学の考え方とおおよそ合致する、というものです。

終わりに

日本の古墳時代には、王の墓として前方後円墳が築かれ、配下の首長の墓としては、前方後円墳、前方後方墳、円墳、方墳という四種類の古墳が築かれました。この墳形の違いと墳丘の規模の大小によって、各地の首長の身分が表現されました。

では、世界の墓はどうでしょうか。エジプトでは、王の墓はピラミッドで、配下の王族や貴族の墓はまったく形の異なるマスタバでした。

中国では、王陵が四角錐台の墳丘墓であれば、配下の墓も四角錐台を縮小した墓、王陵が円墳の時代は、配下の墓も円墳を縮小した墓が築かれました。

朝鮮半島の高句麗では王墓が四角錐台の墳丘墓で、配下の墓は四角錐台を縮小した墓、百済では、高句麗の影響を受けた初期の方形墳を除けば王の墓は円墳で、配下の墓も円墳を縮小した墓、新羅では王の墓は瓢形墳《ひょうけい》で、配下の墓は瓢形墳か円墳、加耶では王の墓は円墳で、配下の墓は円墳を縮小した墓でした。

このように領域によって墳形は異なるものの、配下の墓は王墓を縮小した墓になるか、あるいはピラミッドのように王だけが使用できる墓の形があり、配下は異なる形の墓を築くのが一般的です。

世界各地におけるこのような墳丘墓のあり方と比較すると、日本の古墳時代における四種類もの異なる墳丘型式の共存は、極めて特異な現象です。

前方後円墳体制、つまり中央政権が、地方の有力首長に支えられて初めて存立し得たという、日本のこの特異な社会体制が古墳の形をこのように多様にしたのです。この前方後円墳体制は現在の日本の国民性にまで深い影響を与えているように思います。古墳時代のこの体制は何によって生じたのでしょうか。これは日本が海に囲まれ保護されているとか、本土が山や川によって細かく分断されているといった地理的条件も大きな要因になっていると思われます。前方後円墳体制のように権力を集中できない体制のまま大陸と陸続きであれば、中国の魏や晋や匈奴《きょうど》に併合されてしまうでしょう。であれば、日本の有力首長たちは権力を集中した中国やヨーロッパのように強力な中央集権体制を築いたことでしょう。日本の古墳時代のユニークな社会体制が生まれた要因については、考古学の今後の研究課題になるでしょう。

また日本の初期国家では、ヨーロッパや中国とちがって、都市が全面的には発達しなかったとか、首長や王の宮に住民を囲い込まなかったことについても、古墳時代の中央政権の特質と深くかかわっているに違いありません。その意味で、古墳時代の解明を扱う考古学は多くの課題をかかえており、いっそう興味深い学問になるでしょう。

考古学は文字のない世界を相手にした、ものを扱う学問です。ですから自然科学の助けを借りて、弥生時代の始まりが紀元前五〇〇年から紀元前一〇〇〇年に一挙に五〇〇年も遡るといった事態も生じます。ですから資料は同じでも他の学問の進歩によって、今後同じ資料からまったく異なった事実が明らかになるかもしれません。考古学が今後どんな新しい世界を展開するか楽しみにしています。

あとがきに代えて

日本で古代国家がいつ成立したのか、考古学の成果をもとにお話してきました。ここで、私がなぜ「国家」を解明しようとしてきたか、個人的な体験を含め記しておきたいと思います。

私の原体験

私は三歳の三月一三日の真夜中、大阪大空襲に遭いました。夜中でしたが、振りまかれたナパーム弾が火を噴いて燃えており昼間のように明るかったこと、熱で髪の毛がチリチリにこげたこと、とんできた火の粉が妹の顔にやけどの跡を残したこと、心斎橋では爆風でとばされた自転車が電線に引っかかっていたことなどが記憶に残っています。母は妹を背負い、私と姉を乳母車に乗せ、義母の腕を片手でつかんでにげまどい、警防団の制止を振り切って橋を渡ったので命が助かったのです。父は出征して留守でした。焼け出されてすべてを失い、母は行商しながら箸一本から買いそろえましたが、悔しさが募ると、国は信用ならない、日の丸は見るのもいや、と語っていました。国という存在を意識したのは、私の空襲体験と母の言葉からです。

戦前戦中の考古学界

第二次大戦中、「世界に一つの神の国」と記載された国定教科書が使用され、日本の歴史は日本神話から説き起こされるようになりました。ですから歴史学が扱う神話についての論理的解釈はきびしく統制され、歴史学者津田左右吉《そうきち》は『古事記』『日本書紀』の成立過程を合理的に解釈したことで、有罪とされ職を失いました。皇国史観と明確に対立する資料をもつ考古学も、厳しい制限を受け、和島誠一など一部の研究者を除き、原始時代の社会構造や国家成立過程の追究からは目をそらし、皇国史観や国の誕生とはかかわらない形で「自由」を保証され、大陸で軍に保護されながら調査を続けました。

そのため戦後、国史学では、戦争に加担した反省が学界の内部でもなされたのに対して、考古学界は内部での反省は行いませんでしたし、皇国史観を黙認したことを自分たちの問題として取り上げることができませんでした。ですから後藤守一《しゅいち》など皇国史観推進に積極的に関わった研究者は、戦中の姿勢を引きずったまま考古学界に復帰しました。このような学界の体質の中で考古学は、日本の古代国家成立過程への理論的な提言ができる力を長い間もちませんでした。

戦前戦中の考古学界に対して、研究者から自己批判が出るのは、一九六四年の近藤義郎「戦後日本考古学の反省と課題」(考古学研究会編『日本考古学の諸問題』)、二〇〇三年の春成秀爾『考古学者はどう生きたか』(学生社)を待たなければなりませんでした。

小林行雄先生

一九五五年、小林行雄氏は「古墳の発生の歴史的意義」を著しました。この論文について、考古学の横山浩一氏は「これまでせいぜい文化史の資料としてしか活用されなかった古墳を材料としながら、政治的・社会的現象をきわめて具体的に復原することに成功している」とし、文献史の直木孝次郎氏は「初期の大和朝廷を考える上に甚《はなは》だ参考となる」と評し、東洋史の西嶋定生氏も「古墳の研究が倭政権の構造と結びついた問題として論ぜられる端緒が与えられた」と評しました。この論文は考古学の資料を用いて大和朝廷の政治構造にふれた初めての論文でした。

私は中学二年生のとき縄文土器を拾ったことから考古学に興味をもち、中学・高校で「考古学研究会」に所属し、京都大学の小林行雄氏の下で考古学を学ぼうという目標をもつようになりました。一九六〇年、入学した大学は日米安保条約反対で学生のストライキが続き騒然としていました。やがて文学部自治会委員長になって条約の締結に真っ向から反対していた私は、社会体制や国家の意味についても考えるようになり、考古学は人に貢献できないのではないかと悩み始め、考古学をやめて専攻を文化人類学か政治学に変えようと思い詰めていました。

一九六一年、小林行雄著『古墳時代の研究』が出版されました。この中で小林氏は「記紀」神話の粉飾を批判して、考古学が古代史に発言するためには「考古学は実証の上に立つ推理の学であるべき」と主張しました。戦後一五年たったその時でもその言葉が新鮮であったほど、日本考古学は戦前の古物学の伝統を引きずっていたのです。この著書には先にふれた「古墳の発生の歴史的意義」が掲載されています。この著書にふれて、新しい考古学を構築したいとの思いが、私を考古学へと引き戻しました。

クラッセンとの出会い

古代国家の誕生に関心をもっていた私は、エンゲルスの『家族・私有財産・国家の起源』を国家の理論的理解の柱に据えていたので、氏族社会から国家への道筋を考えていました。エンゲルスの理論にしたがえば、律令国家の前にくる古墳時代は氏族社会に当たるのですが、古墳時代の厳然とした階層社会と氏族社会の特質を具体的に結び付けることができないでいました。その私が日本古代国家の成立について具体的に考えられるようになった契機は、カナダで開かれた人類学会での、クラッセンとの出会いです。三四歳の時でした。クラッセンはこの学会で氏族社会と国家の間をつなぐものとして、初期国家を提唱しました。クラッセンの提案を聞きながら、古墳時代を初期国家と考えれば、弥生時代、古墳時代、律令国家をうまくつなげると気付き、日本古代国家の成立過程を究明する具体的な手がかりをつかんだのです。

考古学と黒田史学

一九七九年私は、黒田俊雄教授を主任とする日本思想史講座の助教授として大阪大学に迎えられました。私が赴任した三二年前、大阪大学にはまだ考古学の講座がなく、文献史学と考古学との提携を構想していた黒田先生は、まず国史学に都出を入れることを考えられたのです。しかし、非実験講座予算で考古学を運営するということは、教育委員会主催では一千万円の発掘を、国史研究室では二〇万円でやるということで、並大抵ではありませんでした。それでも発掘の現場に足を運び、寿司やビールをさし入れてくれた黒田先生の熱意には常に励まされました。

二年ぐらいで考古学講座ができるだろうという黒田先生の言葉を信じて赴任したのですが、講座開設は一向に実現しませんでした。当時政府は、大学での新しい講座増設はしない方針をとっていたので、その中での開設には多くの困難が伴ったのです。

まず日本考古学協会に働きかけ、国への要望書を決議してもらいました。次に大阪府にも働きかけようと黒田先生と私は副知事を訪ね、考古学開設の要望をしました。このような多面的な努力が実を結び、大阪府は阪大の考古学開設に向けて積極的に行動を開始しました。その後も多くの紆余曲折を経て考古学講座が一九八八年四月ようやく開設されました。私の赴任から九年が経っていました。

考古学講座を新設して、文献史学と考古学の提携を実現するという構想は、歴史学の革新をめざす黒田先生の全体構想の一部でした。歴史学の古代国家成立過程の解明についても、文献史学と考古学との提携がいっそう求められるようになっており、狭い意味での政治史や社会経済史から抜けだした歴史学であるべし、歴史を社会の全体性で捉えるといった社会史の問題提起に目を向けるべし、新しい史料学を確立すべし、などという一九七〇~八〇年代の先生の主張の延長上に、考古学と文献史学の共同という課題も位置づけられていました。黒田先生の緻密な思考と学問の方法は、常に私を刺激し国家成立過程解明への意欲をかき立てました。一九九三年に先生は亡くなられましたが、黒田俊雄が夢見た新しい歴史学を目指して進むことなしには、日本の古代国家成立過程の解明はありえないでしょう。そして新しい世代はその実現に向けて、すでにその一歩を踏み出しています。

国家の未来

ヨーロッパではEUが生まれ、国家の意義が変化しています。中東の民衆の動きが国境を越えて連鎖的に伝わるのを見ても、国家の垣根は限りなく低くなっています。また、大震災に伴う日本の原発事故は国境を超えて世界に害を及ぼし、世界のエネルギー政策を変えようとしています。

このようなグローバル化の中で世界は今、一昔前には考えもしなかった絆でむすびついています。考えもしなかった大きな変化が私たち自身に起きています。国家の垣根が限りなく低くなった時、国家は他のものに変わりますが、それは理論上のことではなく現実の世界ですでに垣間見えています。国家の誕生に立ち会った人たちの驚きに思いを馳せながら、国家の行く末を共に考えてゆきたいです。

人に支えられて

私は一九九九年、五七歳でくも膜下出血に倒れました。研究室のスタッフは、複数体制で講義を組み、私を復帰させてくれました。退任後、障害をもつ私に仕事を依頼してくれた多くの方々の心遣いに対しても、感謝で言葉になりません。仕事は励みとなりリハビリともなって私を支えました。倒れて一二年経った今も言葉は容易には出ませんが、妻に支えられ毎日リハビリを続けています。

今まで研究してきた内容を啓蒙書として残したいとの希望を、私はかねてから抱いていました。倒れる一年前に、私はNHK教育テレビの「人間大学」という番組で、「古代国家の胎動」と題した全一二回の講義をしましたが、本書にはその内容も一部入っています。こうした形で私の希望を叶えてくれたのは、岩波書店の井上一夫氏と大山美佐子氏です。深く感謝していります。とくに大山氏には編集の上で多くの御苦労をおかけしました。

また、福永伸哉氏には執筆にあたって多くの助言をいただきました。禹在柄氏、朴天秀氏、菱田哲郎氏にも御教示いただきました。深くお礼申し上げます。都出祀子氏には文章表現などで助言を受けました。心から感謝しています。

岩波新書新赤版一〇〇〇点に際して

ひとつの時代が終わったと言われて久しい。だが、その先にいかなる時代を展望するのか、私たちはその輪郭すら描きえていない。二〇世紀から持ち越した課題の多くは、未だ解決の緒を見つけることのできないままであり、二一世紀が新たに招きよせた問題も少なくない。グローバル資本主義の浸透、憎悪の連鎖、暴力の応酬——世界は混沌として深い不安の只中にある。

現代社会においては変化が常態となり、速さと新しさに絶対的な価値が与えられた。消費社会の深化と情報技術の革命は、種々の境界を無くし、人々の生活やコミュニケーションの様式を根底から変容させてきた。ライフスタイルは多様化し、一面では個人の生き方をそれぞれが選びとる時代が始まっている。同時に、新たな格差が生まれ、様々な次元での亀裂や分断が深まっている。社会や歴史に対する意識が揺らぎ、普遍的な理念に対する根本的な懐疑や、現実を変えることへの無力感がひそかに根を張りつつある。そして生きることに誰もが困難を覚える時代が到来している。

しかし、日常生活のそれぞれの場で、自由と民主主義を獲得し実践することを通じて、私たち自身がそうした閉塞を乗り超え、希望の時代の幕開けを告げてゆくことは不可能ではあるまい。そのために、いま求められていること——それは、個と個の間で開かれた対話を積み重ねながら、人間らしく生きることの条件について一人ひとりが粘り強く思考することではないか。その営みの糧となるものが、教養に外ならないと私たちは考える。歴史とは何か、よく生きるとはいかなることか、世界そして人間はどこへ向かうべきなのか——こうした根源的な問いとの格闘が、文化と知の厚みを作り出し、個人と社会を支える基盤としての教養となった。まさにそのような教養への道案内こそ、岩波新書が創刊以来、追求してきたことである。

岩波新書は、日中戦争下の一九三八年一一月に赤版として創刊された。創刊の辞は、道義の精神に則らない日本の行動を憂慮し、批判的精神と良心的行動の欠如を戒めつつ、現代人の現代的教養を刊行の目的とする、と謳っている。以後、青版、黄版、新赤版と装いを改めながら、合計二五〇〇点余りを世に問うてきた。そして、いままた新赤版が一〇〇〇点を迎えたのを機に、人間の理性と良心への信頼を再確認し、それに裏打ちされた文化を培っていく決意を込めて、新しい装丁のもとに再出発したいと思う。一冊一冊から吹き出す新風が一人でも多くの読者の許に届くこと、そして希望ある時代への想像力を豊かにかき立てることを切に願う。

（二〇〇六年四月）

都出比呂志

1942年大阪市生まれ
1964年京都大学文学部卒業，68年同大学大学院文学研究科博士課程中退
専攻—考古学・比較考古学
現在—大阪大学名誉教授
著書—『日本農耕社会の成立過程』(岩波書店)
『王陵の考古学』(岩波新書)
『前方後円墳と社会』(塙書房)
『古墳時代に魅せられて』(大阪大学出版会)
『古墳時代の王と民衆』(編著，講談社)
『古代国家はこうして生まれた』(編著，角川書店) ほか

古代国家はいつ成立したか　　岩波新書(新赤版)1325

2011年 8 月 19 日　第 1 刷発行
2024年 5 月 15 日　第 16 刷発行

著　者　都出比呂志《つでひろし》

発行者　坂本政謙

発行所　株式会社 岩波書店
〒101-8002 東京都千代田区一ツ橋 2-5-5
案内 03-5210-4000　営業部 03-5210-4111
https://www.iwanami.co.jp/

新書編集部 03-5210-4054
https://www.iwanami.co.jp/sin/

印刷・理想社　カバー・半七印刷　製本・中永製本

ISBN 978-4-00-431325-0　　Printed in Japan

遺跡名・古墳名索引

あ　行

芦田貝戸遺跡(群馬県高崎市)　110
遊塚古墳(岐阜県大垣市)　89
池上曽根遺跡(大阪府和泉市・泉大津市)　7, 9, 12, 14, 15, 19
池田古墳(兵庫県朝来市)　96
恵解山古墳(京都府長岡京市)　96
石舞台古墳(奈良県明日香村)　146
伊勢遺跡(滋賀県栗東市)　23
板付遺跡(福岡県福岡市)　10
稲荷台1号墳(千葉県市原市)　128, 129
稲荷山古墳(埼玉県行田市)　96, 97, 126, 128-130, 157, 171
今城塚古墳(大阪府高槻市)　98
石清尾山古墳群(香川県高松市)　95
岩橋千塚古墳群(和歌山県和歌山市)　142
岩戸山古墳(福岡県八女市)　174
ウィンドミルヒル遺跡(イギリス)　20
上之宮遺跡(奈良県桜井市)　116
有珠モシリ遺跡(北海道伊達市)　187
有年原田中遺跡(兵庫県赤穂市)　50, 51
浦間茶臼山古墳(岡山県岡山市)　94
瓜生堂遺跡(大阪府東大阪市)　44, 45
会下山遺跡(兵庫県芦屋市)　31, 37, 38
江田船山古墳(熊本県和水町)　96, 97, 127, 130, 136, 171
遠所遺跡(京都府京丹後市)　161
生出塚遺跡(埼玉県鴻巣市)　160
大蔵池南遺跡(岡山県津山市)　161
大園遺跡(大阪府高石市)　113, 115
太田茶臼山古墳(大阪府茨木市)　96
太田天神山古墳(群馬県太田市)　95
大塚遺跡(神奈川県横浜市)　15
大風呂南遺跡(京都府与謝野町)　48
沖ノ島遺跡(福岡県宗像市)　135
男狭穂塚古墳(宮崎県西都市)　96
御布呂遺跡(群馬県高崎市)　110

か　行

貝殻山遺跡(岡山県岡山市・玉野市)　31
金蔵山古墳(岡山県岡山市)　89, 94
加美遺跡(大阪府大阪市)　45
加茂遺跡(兵庫県川西市)　14
加茂岩倉遺跡(島根県雲南市)　35
唐古・鍵遺跡(奈良県田原本町)　12, 14, 22
川島遺跡(兵庫県太子町)　49
寛弘寺遺跡(大阪府河南町)　31
観音寺山遺跡(大阪府和泉市)　31
喜志遺跡(大阪府富田林市)　31
北山古墳(鳥取県湯梨浜町)　89
久宝寺遺跡(大阪府八尾市)　52
姜寨遺跡(中国陝西省)　10

行者塚古墳(兵庫県加古川市)　89
久津川古墳(京都府城陽市)　96
クリッカリーヒル遺跡(イギリス)　21
車塚古墳(岡山県岡山市)　72
黒石遺跡(奈良県広陵町)　52
黒井峯遺跡(群馬県渋川市)　106, 117-120
黒田墳丘墓(京都府南丹市)　51, 52
検丹里遺跡(韓国蔚山市)　10
原之城遺跡(群馬県伊勢崎市)　109, 115, 117, 123, 125
荒神谷遺跡(島根県斐川町)　35
河田山遺跡(石川県小松市)　31
神門墳丘墓(千葉県市原市)　51, 54
五色塚古墳(兵庫県神戸市)　89
巨勢山遺跡(奈良県御所市)　31
古曽部・芝谷遺跡(大阪府高槻市)　31
国生本屋敷遺跡(茨城県常総市)　124
小深田遺跡(静岡県焼津市)　114, 115
権現山古墳(兵庫県姫路市)　72
誉田御廟山古墳(伝応神陵, 大阪府羽曳野市)　90, 131

さ　行

西都原古墳群(宮崎県西都市)　96
桜井谷遺跡(大阪府豊中市)　160
紫雲出山遺跡(香川県三豊市)　26, 31
塩壺遺跡(兵庫県淡路市)　37
志高遺跡(京都府舞鶴市)　47
下之郷遺跡(滋賀県守山市)　30
下鈎遺跡(滋賀県栗東市)　23
松菊里遺跡(韓国忠清南道)　10
城之越遺跡(三重県伊賀市)　116
白井・吹屋遺跡(群馬県渋川市)　99
白岩遺跡(大分県玖珠町)　37
新池埴輪製作遺跡(大阪府高槻市)　160
新町遺跡(福岡県糸島市)　27
神明山古墳(京都府京丹後市)　89
陶邑窯跡群(大阪府堺市)　131, 160
菅原東遺跡(奈良県奈良市)　160
鋤崎古墳(福岡県福岡市)　89, 138
杉谷チャノバタケ遺跡(石川県中能登町)　31
須玖岡本遺跡(福岡県春日市)　19
スダレ遺跡(福岡県飯塚市)　27
石家河遺跡(中国湖北省)　17
総社古墳群(群馬県前橋市)　147

た　行

大開遺跡(兵庫県神戸市)　10
大仙陵古墳(伝仁徳陵, 大阪府堺市)　90, 98, 125, 131
高部墳丘墓(千葉県木更津市)　53, 54
高峰遺跡(滋賀県大津市)　38
高安千塚(大阪府八尾市)　142
楯築遺跡(岡山県倉敷市)　46, 50, 51, 65
玉津田中遺跡(兵庫県神戸市)　30
断夫山古墳(愛知県名古屋市)　98
竹幕洞遺跡(韓国全羅北道)　135
チャタル・ヒュユク遺跡(トルコ)　20
仲仙寺古墳群(島根県安来市)　48, 49
塚崎古墳群(鹿児島県肝付町)　95, 103, 131
造山古墳(岡山県岡山市)　95, 101
作山古墳(岡山県総社市)　95, 101
角塚古墳(岩手県奥州市)　103,

131
椿井大塚山古墳(京都府木津川市)
70, 72, 73
デインベリー遺跡(イギリス) 21
唐仁古墳群(鹿児島県東串良町)
95, 131
燈籠寺遺跡(京都府木津川市) 38

な 行

那珂遺跡(福岡県福岡市) 10
中田遺跡(東京都八王子市) 113, 115
七日市遺跡(兵庫県丹波市) 49
那波野丸山遺跡(兵庫県相生市)
160
鳴滝遺跡(和歌山県和歌山市)
117, 122, 123, 125
南郷遺跡(奈良県御所市) 125
西ノ迫遺跡(福岡県朝倉市) 37
西求女塚古墳(兵庫県神戸市) 72

は 行

萩原墳丘墓(徳島県鳴門市) 51
土師の里遺跡(大阪府藤井寺市)
160
箸墓古墳(奈良県桜井市) 46, 65, 66, 71, 72
鉢伏茶臼山遺跡(石川県かほく市)
31
八幡塚古墳(群馬県高崎市) 110
林・坊城遺跡(香川県高松市) 51
原の辻遺跡(長崎県壱岐市) 12
半坡遺跡(中国陝西省) 10
日置荘遺跡(大阪府堺市) 160
斐太遺跡(新潟県妙高市) 31
平尾山千塚(大阪府柏原市) 142
吹越遺跡(山口県平生町) 37
二子塚古墳(京都府宇治市) 98
二子山古墳(群馬県高崎市) 110
古津八幡山遺跡(新潟県新潟市)
31
法円坂遺跡(大阪府大阪市) 117, 121-123, 125, 158, 171
保渡田古墳群(群馬県高崎市) 96

ま 行

前橋天神山古墳(群馬県前橋市)
95
纒向遺跡(奈良県桜井市) 2, 4, 46, 52, 64, 158, 159
万行遺跡(石川県七尾市) 124
ミケーネ遺跡(ギリシャ) 20
ミサンザイ古墳(伝履中陵, 大阪府堺市) 101
見瀬丸山遺跡(奈良県橿原市)
145
三ツ寺遺跡(群馬県高崎市) 96, 106, 109-111, 115-117, 120, 125, 158
湊中野遺跡(佐賀県唐津市) 38
宮山墳丘墓(岡山県総社市) 51
宗祐池遺跡(広島県三次市) 48, 49
メイドゥンキャッスル遺跡(イギリス) 21
女狭穂塚古墳(宮崎県西都市) 96
元稲荷古墳(京都府向日市) 66

や・ら・わ行

養久山墳丘墓(兵庫県たつの市)
53
吉野ヶ里遺跡(佐賀県吉野ヶ里町・神埼市) 6, 9, 12, 44, 58, 124
吉島古墳(兵庫県たつの市) 72
老司古墳(福岡県福岡市) 138
六呂瀬山古墳(福井県坂井市) 89
脇本遺跡(奈良県桜井市) 158

参考文献

（末尾の数字は，本書の該当ページ）

第1章

石野博信『古墳文化出現期の研究』学生社，1985（p. 37）

NHK 取材班編『邪馬台国が見える！』日本放送出版協会，1989（p. 37）

小野忠熙『高地性集落跡の研究』資料編，学生社，1979（p. 31）

近藤義郎・春成秀爾「埴輪の起源」『考古学研究』第13巻第3号，1975，のち春成『祭りと呪術の考古学』塙書房，2011（p. 46）

佐原真『紫雲出——香川県三豊郡詫間町紫雲出山弥生式遺跡の研究』小林行雄と共著，詫間町文化財保護委員会，1964（p. 26, 32）

高倉洋彰『金印国家群の時代』青木書店，1995（p. 39）

高橋克壽『歴史発掘⑨ 埴輪の世紀』講談社，1996（p. 40）

田中琢『倭人争乱』日本の歴史2，集英社，1991（p. 34, 178）

寺沢薫「纒向型前方後円墳の築造」森浩一編『考古学と技術』同志社大学考古学シリーズ刊行会，1988（p. 52）

寺前直人『武器と弥生社会』大阪大学出版会，2010（p. 28）

橋口達也「弥生時代の戦い」『考古学研究』第42巻第1号，1995（p. 27）

広瀬和雄「弥生時代の「都市と神殿」をめぐって」広瀬編著『日本古代史　都市と神殿の誕生』新人物往来社，1998（p. 20）

福永伸哉「大阪平野における三世紀の首長墓と地域関係」『待兼山論叢』第42号，史学篇，2008（p. 46）

藤田弘夫『都市と権力』創文社，1991，のち『都市の論理』中央公論社，1993（p. 20）

松木武彦「弥生時代の石製武器の発達と地域性——とくに打製石鏃について」『考古学研究』第35巻第4号，1989（p. 32）

松木武彦『日本列島の戦争と初期国家形成』東京大学出版会，2007（p. 32, 102）

森岡秀人「大阪湾沿岸の弥生土器の編年と年代」『高地性集落と倭国大乱』小野忠熙博士退官記念論集，雄山閣出版，1984（p. 9）

山尾幸久『新版　魏志倭人伝』講談社，1985（p. 38）

第2章

石川日出志『農耕社会の成立』岩波新書，2010（p. 64）

岩本崇「「仿製」三角縁神獣鏡の生産とその展開」『史林』第86巻第5号，2003（p. 80）
王仲殊「呉の「鏡師陳世」製作の神獣鏡を考える」奈良国立文化財研究所，1986（p. 74）
岡村秀典「前漢鏡の編年と様式」『史林』第67巻第5号，1984（p. 79）
岡村秀典「卑弥呼の鏡」都出比呂志・山本三郎編著『邪馬台国の時代』木耳社，1990（p. 79）
岡村秀典『三角縁神獣鏡の時代』吉川弘文館，1999（p. 79）
岸本直文「三角縁神獣鏡製作の工人群」『史林』第72巻第5号，1989（p. 77）
岸本直文「前方後円墳築造規格の系列」『考古学研究』第39巻第2号，1992（p. 67）
車崎正彦「三角縁神獣鏡をめぐって」『栃木県考古学会誌』第21集，2000（p. 80）
小林行雄『古墳時代の研究』青木書店，1961（p. 70, 75, 77, 142）
小山田宏一「破砕鏡と鏡背重視の鏡」『弥生文化博物館研究報告』第1集　1992（p. 80）
近藤喬一『三角縁神獣鏡』東京大学出版会，1998（p. 76）
下垣仁志『三角縁神獣鏡研究事典』吉川弘文館，2010（p. 79）
下垣仁志『古墳時代の王権構造』吉川弘文館，2011（p. 79）
白石太一郎『古墳とヤマト政権』文春新書，1999（p. 70, 91, 144）
都出比呂志「前期古墳と鏡」京都府埋蔵文化財調査研究センター編『謎の鏡――卑弥呼の鏡と景初四年銘鏡』同朋舎出版，1989（p. 73）
新納泉「王と王の交渉」都出比呂志編『古代史復元6　古墳時代の王と民衆』講談社，1989（p. 77）
西村敬三「卑弥呼の遣魏使「都市牛利」について」『季刊 邪馬台国』第55号，1994（p. 59）
福永伸哉『三角縁神獣鏡の研究』大阪大学出版会，2005（p. 74）
福山敏男「「銅出徐州」の銅」『京都府埋蔵文化財情報』第3号，1982（p. 78）
森浩一「日本の古代文化――古墳文化の成立と発展の諸問題」『古代史講座3』学生社，1962（p. 74）
森下章司「古墳時代仿製鏡の変遷とその特質」『史林』第74巻第6号，1991（p. 78）
森下章司「三角縁神獣鏡と前期古墳」『考古学ジャーナル』第421号，1997（p. 78）

森下章司「古墳時代前期の年代試論」『古代』第105号，1998（p. 78）
森下章司「鏡の伝世」『史林』第81巻第4号，1998（p. 78）
吉田孝『日本の誕生』岩波新書，1997（p. 59）
吉村武彦『ヤマト王権』岩波新書，2010（p. 64）

第3章

一瀬和夫『大王墓と前方後円墳』吉川弘文館，2005（p. 99）
上田正昭『大和朝廷』角川書店，1967（p. 91）
岡田精司『古代王権の祭祀と神話』塙書房，1970（p. 91）
近藤義郎『前方後円墳の時代』岩波書店，1983（p. 91, 93）
白石太一郎　→第2章
都出比呂志「古墳時代首長系譜の継続と断絶」『待兼山論叢』史学編，第22号，1988（p. 92- ）
都出比呂志「首長系譜変動パターン論序説」都出研究代表『古墳時代首長系譜変動パターンの比較研究』大阪大学，1999（p. 92- ）
花田勝広『古代の鉄生産と渡来人——倭政権の形成と生産組織』雄山閣，2002（p. 102, 164）
松木武彦　→第1章
和田萃『シンポジウム　古代の難波と難波宮』直木孝次郎・中尾芳治編，学生社，2003（p. 91）

第4章

甘粕健・小宮まゆみ「前方後円墳の消滅」『考古学研究』第23巻第1号，1976（p. 145, 147）
石川昇『前方後円墳築造の研究』六興出版，1989（p. 125）
禹在柄「百済地域の竹幕洞祭祀遺跡と前方後円墳が語る五～六世紀の百済と倭国」『待兼山考古学論集2』大阪大学考古学友の会，2010（p. 135）
梅原末治「応神・仁徳・履中三天皇陵の規模と造営」『宮内庁書陵部陵墓課』学生社，1924（p. 125）
喜田貞吉「継体天皇以下三天皇皇位継承に関する疑問」『歴史地理』第52巻第1号，1928（p. 138）
小林行雄　→第2章
篠川賢『日本古代国造制の研究』吉川弘文館，1996（p. 144）
白石太一郎　→第2章
清家章『古墳時代の埋葬原理と親族構造』大阪大学出版会，2010（p.

141, 173)
田中良之『古墳時代親族構造の研究——人骨が語る古代社会』柏書房, 1995 (p. 141, 173)
直木孝次郎『日本古代国家の構造』青木書店, 1958 (p. 128, 162, 171)
新納泉「装飾付大刀と古墳時代後期の兵制」『考古学研究』第30巻第3号, 1983 (p. 145)
新納泉「古墳時代の社会統合」鈴木靖民編『倭国と東アジア』吉川弘文館, 2002 (p. 130)
朴天秀「栄山江流域における前方後円墳が提起する諸問題」『歴史と地理』第577号, 2004 (p. 133)
朴天秀『加耶と倭——韓半島と日本列島の考古学』講談社選書メチエ, 2007 (p. 133)
土生田純之『古墳時代の政治と社会』吉川弘文館, 2006 (p. 144)
林屋辰三郎「継体・欽明朝内乱の史的分析」『古代国家の解体』東京大学出版会, 1955 (p. 138)
福永伸哉「古墳時代の共同墓地——密集型土壙群の評価について」『待兼山論叢』史学編, 第23号, 1989 (p. 112)
福永伸哉『古墳時代政治史の考古学的研究——国際的契機に着目して』大阪大学, 1998 (p. 136)
福永伸哉「継体王権と韓半島の前方後円墳」大阪大学文学研究科考古学研究室編『勝福寺古墳の研究』大阪大学考古学研究報告第4冊, 2007 (p. 136)
水野正好「埴輪芸能論」竹内理三編『古代の日本　第二』風土と生活, 角川書店, 1971 (p. 144)

第5章
岸俊男『日本古代宮都の研究』岩波書店, 1988 (p. 156)
鈴木靖民「日本古代の首長制社会と対外関係」『歴史評論』第551号, 1996 (p. 151)
直木孝次郎　→第4章
花田勝広　→第3章
菱田哲郎『古代日本国家形成の考古学』京都大学学術出版会, 2007 (p. 160, 164)

第6章
安里進「考古学による琉球王国形成の新展望」考古学研究会50周年

参考文献

記念シンポジウム『文化の多様性と21世紀の考古学』考古学研究会，2004（p. 187）
井上光貞『日本古代国家の研究』岩波書店，1965（p. 168）
岩永省三「階級社会への道への路」佐原真編『稲・金属・戦争――弥生』古代を考える，吉川弘文館，2002（p. 171, 173）
ウィットフォーゲル，K.『東洋的社会の理論』森谷克巳ら訳，日本評論社，1939（p. 169）
ウェーバー，M.『古代社会経済史』増田四郎ら訳，東洋経済新報社，1959（p. 168）
江上波夫『騎馬民族国家』中央公論社，1967（p. 170）
エンゲルス，F.『家族・私有財産・国家の起源』戸原四郎訳，岩波文庫，1965（p. 167–169）
カーネイロ，R. Carneiro, R. L., A Theory of the Origin of the State, Science, 169, 1970（p. 170）
門脇禎二『日本古代政治史論』塙書房，1981（p. 177）
クラッセン，H. Claessen, H. and Skalnik, P., The Early State, Mouton, 1978（p. 169）
サーヴィス，E.『狩猟民』蒲生正男訳，鹿島研究所出版会，1972（p. 168）
サーリンズ，M.『部族民』青木保訳，鹿島研究所出版会，1972（p. 168）
清家章 →第4章
田中琢 →第1章
田中良之 →第4章
チャイルド，G. Childe, V. G., The Urban Revolution, *Town Planning Review*, vol. 21, 1950（p. 170）
直木孝次郎 →第4章
埴原和郎『日本人の成り立ち』人文書院，1995（p. 189）
森貞次郎「筑後風土記逸文に見える筑紫君磐井の墳墓」『考古学雑誌』第41巻第3号，1956（p. 174）
吉田晶『日本古代国家成立史論』東京大学出版会，1973（p. 167）
和田晴吾「国家形成論研究の視点」考古学研究会シンポジウム記録2『国家形成過程の諸変革』考古学研究会，1999（p. 171–173）
和田晴吾「古墳文化論」『日本史講座』第1巻，東アジアにおける国家の形成，東京大学出版会，2004（p. 171–173）

図版出典一覧

図 1-1　原図・桜井市教育委員会.『研究最前線　邪馬台国』(石野博信ほか編, 朝日新聞出版, 2011 年)
図 1-2　佐賀県教育委員会提供
図 1-3　和泉市教育委員会提供
図 1-4　『倭国乱る』(国立歴史民俗博物館編, 朝日新聞社, 1996 年)
図 1-5　著者撮影
図 1-6　著者作図
図 1-7　(公益財団法人)横浜市ふるさと歴史財団　埋蔵文化財センター提供
図 1-8　著者作図
図 1-9　著者撮影
図 1-10　Sir Mortimer Wheeler, *Maiden Castle*, 1972
図 1-11　黒田龍二監修, ⓒタニスタ.『研究最前線　邪馬台国』(前掲)
図 1-12　佐原真『紫雲出——香川県三豊郡詫間町紫雲出山弥生式遺跡の研究』(詫間町文化財保護委員会, 1964 年)
図 1-13　『倭国乱る』(前掲)
図 1-14　『倭国乱る』(前掲)
図 1-15　松木武彦原図.『倭国乱る』(前掲)を一部改変
図 1-16　牧田伊平原図(『歴史発掘⑧　祭りのカネ銅鐸』佐原真, 講談社, 1996 年)
図 1-17　島根県教育委員会提供
図 1-18　都出・森岡秀人共同作成
図 1-19　『歴史発掘⑦　金属器誕生』(岩永省三, 講談社, 1997 年)
図 1-20　著者撮影
図 1-21　著者作図
図 1-22　宇野佐知子作(『吉備の弥生大首長墓——楯築弥生墳丘墓』福本明, 新泉社, 2007 年)
図 1-23　著者撮影
図 1-24　赤穂市教育委員会提供
図 1-25　著者作図
図 1-26　小沢洋「高部古墳群」(埋蔵文化財研究会『前期前方後円墳の再検討』1995 年)

図版出典一覧

図 1-27　著者作図
図 2-1　著者作図
図 2-2　著者作図
図 2-3　撮影者不明，著者蔵
図 2-4　著者作図
図 2-5　京都大学総合博物館蔵．『椿井大塚山古墳と三角縁神獣鏡——京都大学文学部博物館図録』(京都大学文学部考古学研究室編，1989 年)より転載
図 2-6　福永伸哉『三角縁神獣鏡の研究』(大阪大学出版会，2005 年)
図 2-7　新納泉「権現山鏡群の型式学的位置」(近藤義郎編『権現山 51 号墳』同刊行会，1991 年)を一部改変
図 2-8　岡村秀典『三角縁神獣鏡の時代』(吉川弘文館，1999 年)
図 3-1　石上神宮提供
図 3-2　滋賀県立安土城考古博物館提供
図 3-3　東潮「鉄鋌の基礎的研究」(『橿原考古学研究所紀要』第 12 号，1987 年)を一部改変
図 3-4　撮影者不明，著者蔵
図 3-5　吉村武彦『ヤマト王権』(岩波新書，2010 年)
図 3-6　著者作成
図 3-7　著者作図
図 4-1　若狭徹『古墳時代の地域社会復元——三ツ寺Ⅰ遺跡』(新泉社，2004 年)を元に作図
図 4-2　高崎市教育委員会・かみつけの里博物館提供
図 4-3　井上唯雄ほか原図(井上唯雄・下城正・女屋和志雄『三ツ寺Ⅰ遺跡』Ⅰ，群馬県埋蔵文化財調査事業団，1988 年)
図 4-4　田村孝・小野和之編『芦田貝戸遺跡』(高崎市文化財調査報告書，1980 年)を一部改変
図 4-5　都出比呂志『日本農耕社会の成立過程』(岩波書店，1989 年)を一部改変
図 4-6　和歌山県教育委員会提供
図 4-7　石井克己原図(石井「黒井峯遺跡の集落構造研究(1)」『群馬考古学手帳』第 1 巻，1990 年)
図 4-8　著者撮影
図 4-9　著者作図
図 4-10　埼玉県立さきたま史跡の博物館提供
図 4-11　三辻利一原図(白石太一郎編『古墳時代の工芸』講談社，

1990年)
図4-12　朴天秀原図(朴『加耶と倭』講談社，2007年)を一部改変
図4-13　『日韓交流展「海を渡った日本文化」』(宮崎県立西都原考古博物館，2005年)
図4-14　森昭・撮影提供
図5-1　町田章原図(町田編『古代の宮殿と寺院』講談社，1989年)
図5-2　著者作図
図5-3　著者蔵
図6-1　八女市教育委員会提供
図6-2　著者作図

＊「著者作図」の中には，都出比呂志『古代国家の胎動――考古学が解明する日本のあけぼの』(NHK人間大学テキスト，1998年)から転載したものもある．